FERIDAS INVISÍVEIS, MILAGRES REAIS

LUMEN EDITORA

Editora Lumen
Maringá - PR - Brasil
contato@vgeducacional.com.br
www.vgeducacional.com.br

1ª edição – Abril de 2025

Impresso no Brasil – Printed in Brazil

Autora: Thais Trindade Martins
Publisher e Editora-chefe: Rogério Calazans
Editor Executivo: Diego Dias
Projeto Gráfico: Andresa Guilhen

Dados Internacionais de Catalogação na Publicação (CIP)

Thais, Trindade Martins.
Feridas Invisíveis, Milagres Reais / Thais Trindade Martins. – 1ª ed. – Barueri, SP: Editora Lumen, 2025.

131 p.; il. ; 23cm

1.Cura. 2. Emocional. 3. Fé. 4. Cristã. 5.Perdão 6. Depressão 7. Superação I. Título.
ISBN 978-65-985846-9-6

THAIS TRINDADE MARTINS

FERIDAS INVISÍVEIS, MILAGRES REAIS

"As lágrimas que derramamos não são desperdiçadas; nas mãos de Deus, elas se tornam testemunhos de fé e transformação."

LUMEN EDITORA

Querida alma,

Se você soubesse o quanto é libertador confiar plenamente em Deus, não teria gasto tanto tempo sofrendo pelo que não saiu como planejado. Ele conhece o que é melhor para nós, mesmo quando não conseguimos enxergar. Cada experiência que vivemos e cada ferida que carregamos são instrumentos usados por Ele para nos conduzir ao lugar onde devemos estar. Foi através dessas vivências que fomos levadas ao centro da vontade de Deus, onde finalmente encontramos propósito e paz.

A busca constante por controle nos tornou ansiosas, abriu portas para medos sem fundamento na realidade e para preocupações que sobrecarregaram tanto a mente quanto o coração. Por quanto tempo, você, minha alma, permaneceu cega ao que Deus estava fazendo em nossa vida? Por quanto tempo permitiu que a aflição interna nos dominasse? Quanto tempo a insegurança e a falta de controle nos fizeram duvidar de que Deus realmente cumpriria os planos dEle para nós? Houve momentos em que, tomada pela incerteza, chegamos a duvidar de que Deus tivesse um propósito para nossa vida.

Mas, com o passar do tempo, compreendemos que, embora muitas vezes tenhamos cedido às nossas inseguranças, sempre que entregamos essas fraquezas nas mãos de Deus, encontramos força nEle.

Foi na oração, na Palavra e na comunhão com o Espírito Santo que encontramos esperança, direção e consolo. Ao confiar plenamente em Deus, experimentamos a paz que vai além de todo entendimento humano. Como está escrito em Filipenses 4:6-7: "Não andeis ansiosos por coisa alguma; antes, em tudo, sejam os vossos pedidos conhecidos diante de Deus pela oração e súplica, com ações de graças. E a paz de Deus, que excede todo o entendimento, guardará os vossos corações e as vossas mentes em Cristo Jesus."

Houve um dia em que você, minha alma, se desesperou profundamente, e eu já não sabia mais o que fazer. Perdemos o controle das emoções, dos planos e até mesmo da percepção da realidade ao nosso redor. Sentimo-nos completamente impotentes diante da vida, como se estivéssemos prestes a sucumbir. Mas, em meio a um culto, Deus nos encontrou. Ele abriu nossos olhos, acalmou a tempestade dentro de nós e nos fez experimentar a paz que excede todo entendimento.

Eu, que servi a Deus por toda a minha vida, entendi, naquele momento de esgotamento, que, quando já não havia mais saídas naturais, foi ali que demos espaço para Deus transformar nossa história. Um novo capítulo começou naquele dia. Experimentamos o amor incondicional de um Deus que nunca nos abandonou.

Que esta jornada de cura e libertação das feridas invisíveis da alma nos inspire a confiar mais em Deus e a encontrar nEle a paz e a força para seguir em frente.

SUMÁRIO

INTRODUÇÃO

A vida é um mosaico de histórias, e cada fragmento compõe uma jornada única. Alguns pedaços brilham com momentos de vitória e alegria; outros, sombrios, carregam marcas de dor e superação. Este livro é um convite para refletir sobre a complexidade dessa caminhada e para enxergar, mesmo nos momentos mais difíceis, o agir constante e gracioso de Deus.

Ao abrir estas páginas, convido você a entrar em uma jornada de cura, fé e renovação. Aqui, compartilho não apenas eventos que marcaram minha história, mas também os processos internos que moldaram minha alma. É um relato de quem enfrentou vales profundos e encontrou propósito na presença do Criador. Através dos altos e baixos, descobri que Deus não desperdiça nossas lágrimas. Ele transforma cada ferida em cicatriz, cada lamento em aprendizado e cada choro em um testemunho de vitória.

Meu desejo é que, ao percorrer estas linhas, você se veja incentivado a olhar para sua própria história com novos olhos. Que as lutas e desafios que enfrentamos sirvam como instrumentos para moldar uma fé mais profunda e resiliente. Acima de tudo, que este livro inspire você a se render ao amor incondicional de Deus e a confiar que, mesmo quando tudo parece perdido, Ele está trabalhando para escrever uma história de redenção e propósito.

Seja bem-vindo a essa jornada. Que você encontre aqui esperança, inspiração e a certeza de que, nas mãos de Deus, a vida ganha um significado eterno e maravilhoso.

CAPÍTULO 1

AS FERIDAS INVISÍVEIS

" SARA OS DE CORAÇÃO QUEBRANTADO E CUIDA DAS SUAS FERIDAS. "

(SALMOS 147:3)

A história que tenho para te contar é sobre um Deus que cura feridas invisíveis, que muda histórias, que transforma dores silenciosas em testemunhos de vida. Ele é um Deus que resgata, que restaura, que escreve novos capítulos para aqueles que Nele esperam. Mesmo nas tempestades mais intensas, Ele permanece fiel, trabalhando em favor dos que esperam com fé, moldando vidas, reconstruindo corações e trazendo esperança onde antes só havia desespero.

Durante toda a minha vida, servi a Cristo. Passei a maior parte dos meus primeiros 23 anos em uma única igreja no interior de Minas Gerais. Foi lá que meu caráter cristão foi moldado e onde vivi a maior parte das minhas experiências com Deus. Foi o lugar que recebemos palavras que hoje vejo se cumprirem na minha vida e da minha família.

Em 2014, meu marido e eu nos mudamos para os Estados Unidos, e desde então nos congregamos em uma mesma igreja. Foi uma igreja que nos abraçou e reconheceu o chamado de Deus na minha família de modo imediato.

Eles nos acolheram desde o momento em que chegamos, perdidos e aguardando a chegada de nossa primeira filha. Permaneceram ao nosso lado quando nasceu nosso segundo filho e nos sustentaram nos momentos mais difíceis. Por quase sete anos, estiveram presentes de forma constante, oferecendo apoio e caminhando conosco em cada fase de nossa jornada.

Mas depois de todo esse tempo dedicados à mesma igreja, onde havíamos construído nossa rede de amizades e onde minha família se sentia profundamente enraizada, as coisas começaram a mudar. Em questão de meses, tudo o que havíamos construído parecia desmoronar.

Nos sentimos parte daquela comunidade e acreditávamos que

ali permanecíamos por muitos anos. No entanto, com o tempo, percebemos pequenos sinais de mudança. Algumas situações, que antes eram compatíveis com o nosso propósito, acabaram por perder a sintonia. Inicialmente, tentamos ignorar, acreditando que seriam ajustes naturais. Mas, pouco a pouco, nos demos conta de que algo maior estava acontecendo. Em questão de meses, tudo o que havíamos construído parecia desmoronar.

Nos agarrávamos à certeza do propósito de Deus, mas começamos a sentir que algo já não se encaixava. O ambiente que antes nos fortalecia começou a nos causar inquietação. Nos perguntávamos se Deus estava nos chamando para um novo tempo ou se estávamos apenas sendo desafiados a crescer onde estávamos. Aos poucos, ficou claro que nosso tempo ali estava chegando ao fim, ainda que não compreendessemos completamente o porquê

Nem sempre nós compreendemos os planos de Deus para a nossa vida, nem a forma como Ele agirá em nós e por meio de nós. E está tudo bem. O que realmente importa é que você nunca se esqueça da certeza de que Deus te chamou para um propósito.

Todas as palavras que Deus declara sobre as nossas vidas irão se cumprir, mas para que isso aconteça precisamos estar em alinhamento com o céu. E infelizmente aquele lugar não era o que Deus tinha para nós nessa nova estação. Mas acontece que quando estamos cegos para o que Deus está fazendo e para onde Ele está nos levando, inevitavelmente passamos por momentos de dor e sofrimento que podem mudar o rumo da nossa história. E assim foi com a minha casa.

Depois de anos servindo com amor e propósito nessa igreja amada, as portas começaram a se fechar. Foram pequenas sutilezas, pequenos desalinhamentos de propósitos, pequenas cegueiras que começaram a desentrelaçar os nossos caminhos.

No livro de Amós 3:4 diz o seguinte: *"Andarão dois juntos se não estiverem de acordo?"*. Infelizmente foi nesse lugar de desacordo que chegamos. Nossos propósitos já não estavam mais alinhados com a nossa liderança e nem com os propósitos de Deus. Nos dedicamos a fazer a vontade de Deus, mas sem perceber, nos afastamos do centro da Sua vontade. A falta dessa compreensão nos levou a um caminho de dor e sofrimento, e aquilo que construímos ao longo de anos começou a desmoronar.

Fomos privados de servir na igreja, fomos privados dos nossos amigos, fomos privados dos irmãos em Cristo que criamos, fomos privados de viver a comunhão com o corpo de Cristo. Esse ambiente de hostilidade culminou em um confronto, que resultou em um pedido para nos retirarmos da igreja. A partir desse momento questionamos nossa fé.

Naquele momento, eu não conseguia compreender toda a extensão do dano que estava se formando. Em apenas alguns meses, perdi praticamente toda a estrutura de apoio que conhecia. Meus amigos, os laços de convivência e o ambiente de fé que por tanto tempo me sustentaram se dissolveram em meio a um turbilhão de acontecimentos.

Não entrarei em detalhes sobre os problemas que surgiram na igreja, com os amigos e na comunidade, pois, embora tenham sido dolorosos, não são o foco desta história. O que realmente importa é a mensagem que precisa ser transmitida: Deus cura feridas invisíveis e nos conduz a uma transformação que vai além das circunstâncias. As dificuldades que enfrentei serviram como pano de fundo para algo maior — uma oportunidade de experimentar o cuidado e a graça de Deus de maneira íntima e pessoal. Mais do que os detalhes da dor, quero que você se lembre de que há esperança e propósito em cada vale, e que é possível encontrar a cura e a paz que só Deus pode oferecer.

Durante os meses em que tudo estava acontecendo, eu permanecia firme, acreditando que Deus mudaria o rumo daquela história, que toda injustiça e engano seriam desfeitos e que as coisas voltariam ao normal. Mas a verdade é que os meus planos eram completamente diferentes dos que Deus já havia pré-estabelecido para a minha casa e minha família.

Foi durante esse período sem poder contar com o apoio daqueles que eu amava, que enfrentei uma profunda crise de solidão e uma batalha espiritual como nunca imaginei. Cada dia parecia mais difícil, como se uma sombra de dor e dúvida me envolvesse completamente. Eu lutava para entender o propósito por trás de tanto sofrimento. A depressão se instalou, e, a cada amanhecer, minhas forças pareciam diminuir ainda mais. A única razão que me fazia continuar eram meus filhos, cuja inocência e necessidade de uma mãe presente me mantinham, de alguma forma, de pé.

Depois de meses sofrendo sozinha eu entendi que precisava de ajuda psicológica. Estávamos enfrentando toda essa situação a quase um ano, e a cada dia que passava estava se tornando mais difícil negar a necessidade de ajuda. Em um mundo onde somos sempre forçados a sermos os melhores, a sermos fortes e independentes, buscar ajuda, reconhecer que sozinho não conseguimos mais, talvez seja mais difícil do que continuar no sofrimento calado.

Admitir que eu precisava de ajuda não foi fácil. Por muito tempo, tentei negar que estava afundando. Achei que se orasse mais, se tentasse me esforçar mais, tudo voltaria ao normal. Mas a cada dia, senti-me mais sufocada. Só então percebi que procurar ajuda profissional não era falta de fé, mas um passo necessário para a minha cura. Quando finalmente tomei essa decisão, iniciei um processo de enfrentamento que revelou realidades difíceis, mas que também abriu portas para a restauração.

Após alguns meses de terapia, fui diagnosticada com depressão, talvez um dos diagnósticos mais difíceis para eu receber. Eu acreditava que a minha fé e conexão com Deus não me permitiram estar naquela situação, eu acreditava que somente a oração me tiraria daquele lugar de dor.

Em meio a todo esse caos, minha casa inteira começou a ruir. Meus filhos sentiram profundamente o impacto da perda. Sem entender o afastamento repentino de todos os seus amigos, carregavam uma tristeza e uma confusão que partiram meu coração. Como mãe, eu não conseguia encontrar palavras para explicar que estavam sofrendo por causa de desentendimentos e confusões entre os adultos. Como explicar a duas crianças que, às vezes, os adultos se perdem em suas próprias dores e ressentimentos e, sem intenção, acabam ferindo os inocentes?

A igreja em que estávamos era uma parte fundamental de quem éramos como família. Meu esposo, filho de pastor e neto de evangelista, teve toda a sua vida construída em torno do serviço a Deus e ao corpo de Cristo. O maior prazer dele sempre foi trabalhar na casa de Deus. Parte da sua identidade foi formada nesse serviço, e, por isso, eu compreendia profundamente tudo o que ele estava passando. Ainda assim, isso não tornava mais fácil testemunhar o sofrimento dele.

Passamos mais de um ano nessa batalha — uma luta familiar, espiritual e emocional que parecia interminável. Havia dias em que a dor era tão intensa que eu já não sabia para onde correr ou a quem recorrer. Minha alma oscilava entre a necessidade de seguir em frente e o desejo de simplesmente desistir. A sensação de abandono por parte de Deus era esmagadora, e, muitas vezes, me perguntei se a paz algum dia voltaria a habitar meu coração e da nossa família.

Durante esse período, comecei a perceber que o vale da solidão traz consigo uma espécie de revelação. Mesmo em meio à escuridão e à dor, aprendi que é no silêncio e na ausência que conseguimos ouvir nossa alma com mais clareza. Foi nesse lugar deserto que comecei a entender a profundidade das feridas invisíveis da minha alma — feridas que não se formaram apenas pela perda das pessoas ao meu redor, mas também pelas dúvidas que eu permitia crescer dentro de mim. Minhas expectativas, meu desejo de controle e as certezas em que me apoiava estavam sendo desafiados e postos à prova.

Era como se Deus estivesse me despindo das seguranças externas, das dependências emocionais e das ilusões que eu alimentava sobre o que realmente significa confiar nEle. Eu queria que tudo fizesse sentido, que cada lágrima tivesse um propósito claro, mas, naqueles dias, tudo o que eu conseguia fazer era sobreviver. Foi um período em que aprendi que, por mais doloroso que fosse, a espera, o silêncio e a dependência de Deus são elementos essenciais no processo de cura.

Em meio a essa longa caminhada de dor, comecei a buscar forças não apenas para sobreviver, mas para entender o que Deus poderia estar tentando me ensinar. Aos poucos, por meio da oração e de uma leitura mais profunda da Bíblia, percebi que talvez Ele estivesse me chamando para uma transformação mais intensa e verdadeira. O versículo de Isaías 43:2 — "Quando passares pelas águas estarei contigo, e quando pelos rios, eles não te submergirão" — tornou-se um consolo diário. Deus me lembrava que, embora eu me sentisse afogada em tristeza e solidão, Ele estava comigo, sustentando-me, mesmo quando tudo ao meu redor parecia desmoronar.

E então, pouco a pouco, a oração se tornou meu lugar de refúgio. Quando não havia mais ninguém por perto, eu encontrava a oportunidade de colocar diante de Deus todas as minhas dúvidas, inseguranças e ressentimentos. O diálogo com Ele começou a se tornar mais sincero, e, mesmo que timidamente, a esperança começou a ressurgir no meu coração.

Foi nesse espaço de vulnerabilidade e silêncio que algo novo começou a brotar dentro de mim. Uma fé que não dependia das circunstâncias, mas da convicção de que Deus ainda estava comigo, mesmo quando eu não sentia Sua presença. Percebi que Deus não havia se afastado; talvez Ele estivesse apenas permitindo que eu atravessasse um processo de transformação profundo e necessário.

Esse período de dor e vazio me fez compreender que nossa fé é forjada no fogo das provações e que as respostas de Deus nem sempre chegam no tempo ou na forma que desejamos. De alguma maneira, Ele estava trabalhando em mim para construir uma fé mais resiliente e para me ensinar uma nova compreensão do que realmente significa descansar em Seus braços.

Acredito que, quando enfrentamos momentos de dificuldade, temos duas escolhas em relação às pessoas ao nosso redor: podemos culpá-las pelo que está acontecendo, transferindo sobre elas o peso da dor e da frustração, ou podemos nos aproximar delas e encontrar apoio e força na comunhão. No meu caso, minha família foi meu alicerce.

Durante aquele período, nos tornamos ainda mais unidos. Aprendemos a valorizar nosso tempo juntos e a depender mais uns dos outros. Nossa rotina, antes preenchida com tantas coisas e pessoas externas, raramente nos permitia desfrutar de momentos em família. Quando tudo mudou, encontramos alegria na simplicidade de estarmos juntos. Descobrimos o prazer de nos apoiar, de realizar atividades juntos e até mesmo de reconstruir nossa vida com Deus como uma família.

As crianças, em especial, foram uma grande motivação para seguirmos em frente. Elas não tinham culpa de nada do que estava acontecendo, e nosso papel como pais era protegê-las — inclusive de nossa própria dor e sofrimento. Decidimos segurar firmemente as mãos uns dos outros e fazer o que era necessário, não apenas por nós, mas principalmente por elas. Foi um período desafiador, mas também uma oportunidade de fortalecermos nossos laços e encontrarmos amor e prazer na companhia uns dos outros.

Além disso, minha mãe, mesmo estando distante no Brasil, foi uma fonte constante de apoio. Suas orações e palavras de encorajamento atravessaram a distância, trazendo consolo e força para mim. No entanto, foi minha família imediata — meu marido e meus filhos — que me sustentou de maneira especial. Eles foram a razão pela qual me mantive de pé, inteira, e com forças para seguir em frente. Eles foram o reflexo mais próximo do cuidado e da graça de Deus em minha vida.

Enquanto escrevo sobre essa fase da minha vida, percebo que o processo de cura ainda está em andamento. No entanto, agora entendo que, embora o caminho tenha sido doloroso, ele me conduziu a uma intimidade com Deus que eu jamais teria alcançado em tempos de paz. Hoje, meu desejo é que você saiba que, mesmo nos vales mais escuros, existe um propósito. A cura e a paz virão, um dia de cada vez.

Ao final desse ano de lutas, percebi que não era mais a mesma pessoa que entrou nesse vale. Algo em mim mudou e continua a se transformar. Talvez a verdadeira cura das feridas invisíveis da alma aconteça justamente quando, ao perder o controle, somos capazes de encontrar a graça de Deus, que nos sustenta e fortalece.

Convido você a seguir comigo nesta jornada, pois, assim como

Deus trabalhou em mim para transformar dor em propósito, Ele também pode fazer o mesmo na sua vida. Nas páginas seguintes, você encontrará histórias, reflexões e verdades que apontam para o Deus que cura, restaura e renova. Não importa qual seja o tamanho das suas feridas ou o peso que você carrega, há esperança. Continue lendo e permita que esta mensagem alcance o seu coração, mostrando que, mesmo nos momentos mais difíceis, Deus está trabalhando para escrever uma nova história.

Reflexão

A vida frequentemente nos apresenta feridas que ninguém consegue enxergar. Elas moldam nossos pensamentos e emoções, mas também são oportunidades para Deus mostrar Seu poder restaurador. Ao entregarmos nossas dores a Ele, descobrimos que nenhuma ferida é grande demais para Sua cura.

Chamada para a ação

Identifique uma ferida invisível em sua vida e escreva sobre ela em um diário. Reflita sobre como você pode buscar cura e apoio, seja por meio da oração, terapia, ou conversando com alguém de confiança.

CAPÍTULO 2

RESSIGNIFICANDO HISTÓRIAS

"EIS QUE FAÇO NOVAS TODAS AS COISAS."
(APOCALIPSE 21:5)

Passar por um período de dor profunda e solidão é como atravessar um deserto. No meio da tempestade, enxergar a mão de Deus parece impossível. Durante os meses de luta e luto, eu me sentia perdida, sem rumo, afogada em minha própria dor. Havia noites em que o choro era meu único alívio e, ao amanhecer, eu colocava uma máscara de força para esconder de todos ao meu redor o que realmente se passava no meu coração. Não queria que sentissem pena de mim. No entanto, essa tentativa de parecer forte só me isolava ainda mais, aprofundando o vazio que eu já carregava.

A dor era tão intensa que parecia me cegar para qualquer sinal de esperança. No entanto, ao olhar para trás, percebo que, mesmo quando eu não conseguia enxergar, Deus estava trabalhando em minha vida de maneiras que eu jamais poderia imaginar. Muitas vezes acreditamos que precisamos de muitas pessoas ao nosso lado para nos apoiar, mas, naquele vale de solidão, descobri que Deus era o único de quem eu realmente precisava. Sua presença, que antes parecia distante, aos poucos se revelou como o amparo constante que sustentou minha alma e me deu forças para continuar.

Não quero que você pense que foi fácil ouvir a voz de Deus ou entender o que Ele estava fazendo em minha vida enquanto eu enfrentava o sofrimento. A verdade é que, por meses, acreditei que estava sozinha, que Deus havia me desamparado e que nada jamais voltaria a ser como antes.

Acreditar que Deus havia me desamparado foi a maior solidão que já enfrentei, mas, de alguma forma, tornou a solidão do desamparo das outras pessoas um pouco menor. Eu me lembrava de Jesus na cruz e da aparência de abandono que Ele viveu. Tentava sempre trazer à memória as promessas de Deus para mim, os momentos em que já me senti sozinha e Ele me carregou em Seus braços.

Olhando ao meu redor, mesmo sem conseguir enxergá-Lo, jamais fui capaz de culpá-Lo pelo meu sofrimento. A dor, por vezes, nos conduz a lugares sombrios onde começamos a questionar o nosso merecimento — até mesmo o agir de Deus. Por um tempo, acreditei que não era digna de ser resgatada daquele sofrimento. Ainda assim, mesmo sem merecimento, nunca perdi a esperança de que Ele mudaria a minha história e, por Sua misericórdia, viria ao meu encontro para me resgatar.

Essa convicção foi o que me manteve firme, o que me impediu de desistir. Mesmo em meio àquela tempestade, eu sabia que somente Deus poderia fazer algo por mim. E, aos poucos, a tempestade começou a se acalmar.

Sabe aquela frase: "O que não tem solução, solucionado está"? Foi nisso que tentei me apoiar. Tentei me convencer de que não havia solução para mim, que eu precisava deixar tudo isso de lado e seguir em frente. A terapia me ajudou a enxergar com clareza a minha parcela de responsabilidade em tudo o que estava acontecendo e, de alguma forma, a buscar uma nova direção para a minha vida e para os meus sentimentos.

Entendi que os amigos que se afastaram estavam, cada um, enfrentando suas próprias batalhas e que eu precisava assumir a responsabilidade pela minha felicidade. A cura começou no momento em que decidi parar de gastar minha energia focando no que eu havia perdido e nas pessoas que me machucaram, e comecei a me concentrar em como poderia sair daquele lugar de sofrimento.

Quando começamos a direcionar nossas forças e energia para a resolução do problema, muito mais do que para o problema em si, Deus começa a colocar as coisas em seu devido lugar. Por vezes ficamos ansiosos para receber o milagre e o favor de Deus, mas não percebemos que estamos despreparados para viver esse milagre.

O dia que tirei os olhos do problema, Deus começou a trazer soluções. Uma das coisas que mais ajudou a acalmar a tempestade que estávamos passando, foi encontrar uma nova igreja para congregar. Conhecer um povo cheio do Espírito Santo, dispostos a nos amar e receber de braços abertos. Iniciamos um processo de cura em uma versão renovada do lugar que, um dia, havia me ferido. Então no lugar em que fomos machucados, Deus proveu cura.

Conforme esse período foi ficando para trás, fomos guiados a uma nova familia na fé. Ali, minha família começou a experimentar um renovo. Meus filhos fizeram novos amigos, meu marido reencontrou a alegria de servir a Cristo, e eu encontrei um lugar onde pude me dedicar novamente ao serviço de Deus. Parecia que, finalmente, a tempestade havia cedido espaço para um tempo de paz.

Nesse processo de encontrar um novo lugar, percebi que resisti bastante à mudança. Por muitos meses, meu coração ficou preso à esperança de que Deus restauraria nossa comunhão anterior. Porém, havia prometido ao meu esposo que, quando encontrássemos uma nova igreja, iríamos juntos como família. Assim, quando ele me comunicou que havia encontrado esse lugar, entendi que precisava honrar minha promessa. No início, confesso que não foi fácil. Não houve um momento específico ou uma palavra única que me transformou instantaneamente. Na verdade, foi um processo lento, diário. Deus trouxe pastores comprometidos com a Palavra, pessoas que caminharam conosco, acolhendo-nos de uma forma especial. Pouco a pouco, fomos sendo abraçados, curados e restaurados pela nova igreja. Cada pequeno detalhe contribuiu para sarar áreas da minha vida que eu nem sabia que precisavam de cura.

Contudo, havia algo que eu não podia ignorar: eu ainda carregava as feridas deixadas por aquele tempo e elas eram profundas. Elas não desapareciam com o passar dos dias nem com a mudança de cenário. Onde quer que eu fosse, elas me acompanhavam, como sombras insistentes que me lembravam dos momentos de dor. A mágoa que eu carregava começava a criar raízes, e percebi que, enquanto não permitisse que essas feridas fossem tratadas, não conseguiria me entregar completamente à nova história que Deus estava escrevendo em minha vida.

Todas essas feridas eram como nuvens espessas, bloqueando minha visão para a novidade que Deus estava trazendo à minha vida. Elas me cegavam para a nova história que Ele estava escrevendo e me impediam de olhar para frente e seguir em direção ao alvo.

Foi um longo processo até eu compreender que o primeiro passo para a cura era o perdão. Percebi que, enquanto me apegasse às mágoas do passado, o peso delas continuaria impedindo minha alma de avançar. Mesmo estando em um novo lugar, cercada por novas pessoas, meu coração permanecia preso ao que havia ficado para trás. As ofensas que me feriram, as decepções que enfrentei e as palavras não ditas ainda ecoavam dentro de mim, mantendo-me ligada à dor do passado.

Todas as vezes em que me encontrava na posição de ouvir sobre o que havia me machucado, falar sobre aquelas pessoas ou até mesmo escutar histórias de outros que também haviam passado por aquilo, eu me sentia ainda mais ferida, como se toda a dor fosse renovada. Na busca por uma solução para o meu problema, fui confrontada com a necessidade de perdoar — não apenas um perdão superficial, mas um perdão verdadeiro, diário.

Hoje entendo que perdoar é como olhar para uma cicatriz: você se lembra de como a adquiriu, mas percebe que ela não dói mais. Compreendi, então, que, se eu realmente queria me libertar daquela dor, precisava permitir que a ferida cicatrizasse e escolher não ser mais guiada por ela.

Reconhecer a necessidade de perdoar foi um processo doloroso. Não era fácil admitir que, para ser verdadeiramente livre, eu precisaria liberar tudo aquilo. Perdoar parecia, inicialmente, abrir mão do meu direito à justiça e do reconhecimento das feridas que carregava. Minha alma machucada insistia que perdoar seria como validar tudo o que havia sido feito contra mim. Dentro de mim, havia uma batalha constante, onde o que eu sabia que precisava fazer entrava em conflito direto com os meus sentimentos.

Passei noites em oração, clamando a Deus que me ajudasse a perdoar e a soltar o peso que eu carregava. Sabia que Ele me chamava para algo maior, mas também entendia que só seria capaz de responder a esse chamado se conseguisse deixar essas feridas para trás.

Esse também foi um tempo de reflexão sobre como nossas atitudes podem impactar profundamente a vida dos outros. Muitas vezes, não temos consciência de como palavras, escolhas e comportamentos podem deixar marcas duradouras em alguém. Em minha caminhada, percebi que muitas das dores que carreguei foram causadas por pessoas que, assim como eu, estavam enfrentando suas próprias lutas e limitações. Isso me levou a questionar: quantas vezes eu, sem perceber, também feri alguém ao agir sem buscar a direção de Deus?

Essa consciência foi um passo crucial para a transformação que Deus estava operando em mim. Entendi que, assim como eu precisava liberar perdão para as feridas que carregava, também precisava ser mais consciente e cuidadosa com o impacto das minhas ações na vida dos outros. Aprendi que era necessário caminhar mais próxima do Espírito Santo, permitindo que Ele me guiasse e me ajudasse a ser um reflexo do amor de Deus — não apenas através das minhas palavras, mas também das minhas atitudes.

Quando estamos profundamente feridos, como eu estava, precisamos ter um cuidado ainda maior para não machucar as pessoas ao nosso redor. O ditado é verdadeiro: "Pessoas machucadas, machucam." É essencial estarmos conscientes das nossas ações e emoções, para que, mesmo em meio à nossa dor, não causemos feridas em quem caminha ao nosso lado.

Lembro-me de uma manhã em que eu estava com uma amiga e, ao conversarmos sobre tudo que havíamos passados e sobre as pessoas que haviam me machucado, ela procurou me mostrar a necessidade de perdoar e deixar aquela mágoa para trás. O desejo dela, era que através daquele perdão, eu também começasse ar ser curada, mas naquele momento, senti-me traída. Lembro de ter sido ríspida com ela, acusado-a de ser conivente com tudo que estava acontecendo.

Algumas horas depois, incomodada com a minha atitude, entrei em contato com ela para me desculpar. Foi um daqueles dias em que percebi que, mesmo estando certa, isso não me dava o direito de falar da maneira que eu queria, e que nem toda verdade precisa ser dita, ou pelo menos não da forma como sai no calor do momento.

Naquele dia, tornei-me um pouco mais consciente de como minhas feridas, se não tratadas, poderiam me levar a machucar outras pessoas. A minha dor, percebi, me fazia buscar validação nas pessoas ao meu redor. E, muitas vezes, a falta dessa validação — ou até mesmo uma validação que vinha de uma maneira diferente da que eu esperava — reacendia em mim uma dor que eu ainda não tinha aprendido a deixar ir. E a verdade é que talvez mais do que essa validação eu esperava que as pessoas abraçassem a minha dor.

Foi um processo de meses, um redescobrimento de quem eu sou e, acima de tudo, de quem sou em Deus. Para me reencontrar, precisei revisitar minhas dores e dar a elas um novo significado. Compreendi que, enquanto eu continuasse enxergando minha história apenas como uma sequência de perdas e mágoas, ela nunca poderia se tornar uma história de vitória e redenção.

Nesse caminho de ressignificação, Deus começou a transformar minhas lembranças. O que antes era apenas dor passou a ser visto como uma escola de aprendizado e fortalecimento. As cicatrizes que carrego hoje se tornaram um lembrete da fidelidade de Deus. Ele me sustentou nos momentos mais difíceis e me mostrou que a dor, quando entregue a Ele, pode se tornar uma fonte de força e sabedoria.

Durante todo esse tempo, senti um chamado intenso de Deus para confiar nEle. Ele me convidava a acreditar em Seus planos, mesmo quando eu não conseguia enxergar o caminho à frente. Era como se Ele sussurrasse ao meu coração: "Confie em Mim. Eu sou o autor da sua história, e tudo tem um propósito." Esse chamado para confiar era, ao mesmo tempo, um convite à rendição. Deus me mostrava que, para viver plenamente o que Ele tinha para mim, eu precisava soltar o controle, abandonar as expectativas que havia criado e permitir que Ele assumisse as rédeas. Aprendi que confiar em Deus não é apenas acreditar que Ele está ao meu lado, mas também abrir mão da necessidade de entender e controlar tudo, confiando que Ele sempre sabe o que é melhor.

Ressignificar minha história foi como abrir as cortinas de uma janela e permitir que a luz iluminasse um quarto que antes estava escuro. Aos poucos, deixei de olhar para minha vida pelas lentes da dor e comecei a enxergá-la pela perspectiva da graça. Cada ferida, cada momento de solidão e cada lágrima ganharam um novo propósito. Deus estava me moldando, trabalhando em meu coração e preparando-o para algo maior. Foi uma mudança lenta e gradativa, mas, a cada dia, eu me esforçava para olhar para a minha história pela ótica da gratidão, e não da perda. Tentava reconhecer que havia muito mais na minha vida para agradecer do que para reclamar.

A dor, muitas vezes, nos cega para as bênçãos que temos recebido. Ficamos tão focados no que nos falta, no que perdemos, que deixamos de dar valor ao que Deus, em Sua bondade, já nos deu. Ao mudar a minha perspectiva, comecei a perceber que, mesmo em meio ao sofrimento, havia motivos para agradecer e enxergar a mão de Deus agindo na minha vida.

Hoje, entendo que o que parecia ser o fim era, na verdade, o início de uma jornada de cura e restauração. Deus não apenas me conduziu a um lugar de segurança, mas também me deu a chance de recomeçar com uma nova perspectiva sobre minha vida. Agora, sinto que minha missão é compartilhar essa história, para que outras pessoas também possam encontrar significado e esperança em meio às suas próprias batalhas.

Confiar em Deus, perdoar, ressignificar e amar: esses são os passos que Ele me ensinou para viver uma vida abundante. Oro para que você também encontre essa paz ao permitir que Deus ressignifique a sua história. Assim como Ele fez comigo, Ele pode fazer com você, transformando cada dor em um poderoso testemunho de Sua graça e fidelidade.

Reflexão

As dificuldades que enfrentamos podem ser vistas como obstáculos ou como convites para crescermos. Ao ressignificar a dor sob a perspectiva de Deus, descobrimos que nossas histórias têm valor e propósito, mesmo quando parecem sem sentido à primeira vista.

Chamada para a ação

Escolha uma experiência dolorosa que você viveu e pense em maneiras de ressignificá-la. Escreva sobre o que aprendeu com essa experiência e como pode transformar a dor em crescimento.

CAPÍTULO 3

DESCONSTRUINDO PENSAMENTOS

" LEVANDO CATIVO TODO PENSAMENTO À OBEDIÊNCIA DE CRISTO. "
(2 CORÍNTIOS 10:5)

Durante meu processo de cura, percebi que o perdão era uma decisão que precisaria reafirmar todos os dias. A parte mais difícil não era apenas escolher perdoar aqueles que nunca reconheceram seus erros, mas também lidar com os pensamentos de raiva e mágoa que continuavam a me assombrar. Entendi que o perdão não era um ato único, mas uma batalha diária — uma escolha constante de não permitir que esses sentimentos amargos encontrassem espaço em meu coração novamente.

Todos os dias, eu me encontrava diante dessa luta interna, levando meus pensamentos cativos a Deus, como a Bíblia nos instrui. Precisava trazer à memória aquilo que me dava esperança, mas o peso da indignação muitas vezes tornava isso um desafio. Minha alma ansiava por justiça e, como ser humano, a resposta natural que brotava dentro de mim não era o perdão, mas a vingança. Foi então que compreendi que o verdadeiro perdão exige uma entrega contínua a Deus — uma disposição genuína de abrir mão da necessidade de ver a retribuição e confiar que Ele, em Sua soberania, cuidaria de todas as coisas.

Muitas vezes, eu me pegava esperando que Deus mostrasse, de forma tangível, que estava "lutando por mim". Era como se eu precisasse de uma prova de que minha dor não passaria despercebida. Em meio a essa expectativa, lutava para entender o que significava amar aqueles que me ofenderam e refletir o verdadeiro amor cristão. Esse processo era doloroso. Havia dias em que me revoltava ao ver aqueles que haviam me ferido seguindo suas vidas, aparentemente felizes e despreocupados, enquanto eu ainda carregava as marcas da dor.

Quando estamos tão cegos pela dor e pelo sofrimento, é comum desejarmos que aqueles que nos machucaram também sofram. Queremos que os que nos ofenderam sejam confrontados por suas ofensas, que os que nos traíram sejam consumidos pelo remorso. A verdade é que, quando estamos feridos, há um desejo de ver nossa dor refletida naqueles que nos causaram sofrimento.

No entanto, com o tempo, minha perspectiva começou a mudar. Durante momentos de oração, percebi que, embora sentisse raiva, também começava a sentir pena daqueles que haviam se afastado tanto de Deus, a ponto de não conseguirem mais refletir o amor de Cristo. Foi nesses momentos de compaixão inesperada que comecei a orar não apenas por mim, mas também por eles. Passei a pedir a Deus que trouxesse luz ao coração deles, assim como havia feito com o meu. Que eles fossem transformados e que o sofrimento que eu enfrentei não fosse imposto a mais ninguém.

Houve um dia, em particular, que ficou gravado em minha memória. Durante a oração, senti um impulso no coração para pedir perdão a Deus, não pelos meus próprios erros, mas pelos erros cometidos contra mim. No início, esse pensamento me revoltou. "Como assim, pedir perdão por eles?" eu me perguntava. Sentia que já havia feito o suficiente ao decidir perdoá-los; não me parecia justo agora orar por aqueles que haviam me machucado, caluniado e ofendido. Parecia um peso adicional, algo além do que eu achava ser minha responsabilidade.

Mas, naquele instante de rebeldia silenciosa, senti Deus ministrar ao meu coração sobre o verdadeiro significado de ser mais parecida com Cristo. Ele me lembrou de Jesus, que, enquanto estava pregado na cruz, no momento de Sua maior dor, orou por aqueles que o crucificavam. A oração de Jesus foi uma intercessão genuína, pedindo ao Pai que perdoasse aqueles que não sabiam o que estavam fazendo. Foi então que entendi: ao orar por aqueles que me feriram, eu não estava apenas escolhendo um caminho de amor e compaixão, mas também me libertando de um peso que nem sabia que carregava. Era um caminho que me aproximava mais de Cristo, moldando meu coração e me afastando do risco de cometer os mesmos erros que me feriram.

Uma parábola que também nos ajuda a pensar sobre isso é a parábola do servo ingrato, em Mateus 18:21-35. Na história, um servo que foi perdoado de uma dívida impagável pelo seu senhor se recusou a perdoar uma dívida muito menor de outro servo. Quando penso nisso, vejo como é fácil cair na mesma armadilha. Deus, em Sua infinita misericórdia, perdoou todas as minhas falhas, todas as vezes que errei e fui ingrata. Como, então, eu poderia negar o perdão àqueles que me machucaram? Essa parábola me desafiou profundamente. Entendi que o perdão não é sobre justificar o que foi feito contra mim, mas sobre refletir a graça que eu mesma recebi de Deus, permitindo que Ele trabalhe em minha vida e também na vida daqueles que me feriram.

Parte da minha alma estava presa à expectativa de vingança. Porém, ao pedir perdão a Deus por eles, senti como se um fardo enorme fosse retirado dos meus ombros. A espera pela justiça havia se tornado, sem que eu percebesse, um peso invisível que me impedia de caminhar livremente. Naquele instante de entrega, algo mudou dentro de mim, e comecei a experimentar uma paz que jamais imaginei ser possível.

Passei a revisitar, um a um, os pensamentos de mágoa, ódio e dor que me acompanhavam e comecei a desconstruí-los. Era como se, pouco a pouco, Deus estivesse me ajudando a remover os escombros de um edifício que eu mesma havia erguido com as pedras da mágoa. Em seu lugar, Ele estava edificando uma nova estrutura, fundamentada em amor, graça e verdadeira liberdade.

Essa mudança, conhecida na Bíblia como "metanoia" — uma transformação completa de mente e coração —, era algo que só poderia ser realizado pela ação de Deus em minha vida. Sozinha, eu jamais teria sido capaz de alcançar essa libertação. Percebi que, ao me prender aos pensamentos de dor, estava me destruindo lentamente. Como diz a frase popular: o ressentimento é como tomar veneno e esperar que a outra pessoa morra. Ao alimentar esses sentimentos, era eu quem estava sendo corroída, não aqueles que me feriram.

A partir daquele momento, decidi conscientemente libertar minha mente dos pensamentos que me mantinham presa ao passado. Passei a observar meus pensamentos e, sempre que a mágoa tentava retornar, levava essa dor a Deus em oração. Pedia forças para não permitir que as lembranças amargas voltassem a ter controle sobre mim. Foi então que comecei a perceber que o perdão não era apenas uma libertação para aqueles que me feriram, mas, acima de tudo, para mim mesma.

Essa desconstrução dos pensamentos negativos não aconteceu de forma imediata; foi uma jornada, um dia após o outro, marcada por uma decisão constante de não permitir que o passado definisse quem eu era. A cada passo, Deus me mostrava que estava moldando algo novo dentro de mim, algo sólido e duradouro, que não poderia ser destruído pelas lembranças do que havia ficado para trás.

Acredito que esse processo nunca realmente acaba. Somos capazes de nos lembrar de acontecimentos de muitos anos atrás e, ainda assim, sermos presos pelos sentimentos que sentimos naquele momento. O perdão precisa ser contínuo. Em alguns dias, ainda hoje, eu escolho perdoar e deixar a mágoa para trás. Escolho demonstrar graça e misericórdia, assim como Cristo demonstrou por mim.

Compreender que eu também não era merecedora de perdão, mas que, mesmo assim, Ele me perdoou, transformou minha perspectiva. Como a oração do Pai Nosso nos ensina: "Perdoai as nossas ofensas, assim como perdoamos aqueles que nos têm ofendido." Muitas vezes, declaramos palavras da Bíblia sem realmente entender o peso e o significado daquilo que estamos proclamando.

Perceber que nosso perdão está diretamente ligado à capacidade de perdoarmos os nossos ofensores coloca tudo em perspectiva. É um convite para refletirmos sobre a necessidade de praticar o que recebemos de Deus: um perdão imerecido, mas oferecido com amor e misericórdia.

Deus não apenas removeu os pensamentos de mágoa, mas também começou a preencher minha mente com novos pensamentos, fundamentados em Sua Palavra e em Sua verdade. Passei a buscar o que significava ter a "mente de Cristo", aprendendo a enxergar o mundo e as pessoas ao meu redor com o olhar dEle. Cada vez que um pensamento amargo tentava surgir, eu me lembrava de que Cristo, em Seu sacrifício, escolheu o amor e o perdão acima da justiça humana. Não que tenha sido fácil, mas o Evangelho de Cristo é um evangelho de renúncia. Muitas vezes, precisamos renunciar aos nossos sentimentos e à nossa razão para viver a vontade de Deus para nós. É abrir mão do que consideramos justo aos nossos olhos para abraçar o que é justo aos olhos d'Ele.

Esse processo exige humildade e obediência, pois nem sempre o caminho de Deus parece confortável ou compreensível. No entanto, é nesse lugar de entrega que encontramos a verdadeira paz e propósito, lembrando que "a vontade de Deus é boa, perfeita e agradável" (Romanos 12:2).

No fim, aprendi que a verdadeira paz surge quando permitimos que Deus seja o juiz e confiamos em Sua justiça. Meu papel era viver em paz, deixar para trás o que me prendia e seguir adiante com a mente e o coração renovados. Com o tempo, percebi que, ao desconstruir meus pensamentos, Deus estava edificando algo ainda mais forte e belo dentro de mim. Ele estava transformando minha dor em compaixão, meu ódio em amor e meu sofrimento em uma história de redenção.

Este capítulo de desconstrução não foi o fim da jornada, mas o início de um novo começo. Agora, livre do peso do passado, posso avançar em direção ao futuro que Deus preparou para mim. Com a certeza de que, ao lado dEle, sou capaz de superar até mesmo as feridas mais profundas e viver plenamente a vida que Ele planejou para mim.

Eu já disse isso, mas gostaria de reforçar que **toda essa mudança de pensamento não foi fácil, nem aconteceu de forma imediata**. Foi um processo baseado em uma transformação duradoura, alicerçado no entendimento do que Deus quer de mim e nos mandamentos de Cristo: amar ao próximo como a mim mesma. Infelizmente, ainda não é fácil, mas posso afirmar com convicção que vale a pena deixar para trás o peso do ressentimento para viver plenamente os planos de Deus.

Reflexão

Muitas vezes, somos prisioneiros de nossos próprios pensamentos. Deixá-los cativos à obediência de Cristo nos liberta de padrões que nos paralisam e nos permite viver a renovação da mente prometida em Sua Palavra.

Chamada para a ação

Observe seus pensamentos por um dia e anote aqueles que são negativos ou limitantes. Depois, substitua cada pensamento por uma afirmação positiva baseada na verdade da Palavra de Deus.

CAPÍTULO 4

ORAÇÕES PERIGOSAS

"SEJA FEITO A TUA VONTADE, ASSIM NA TERRA COMO NO CÉU."
(MATEUS 6:10)

Ao longo do período de dor, luta e aprendizado, comecei a redescobrir minha identidade em Deus. A cada dia, Sua voz se tornava mais clara para mim e Sua presença mais palpável. Era como se camadas de véus estivessem sendo retiradas, revelando um caminho de comunhão profunda, onde finalmente pude perceber que Deus sempre esteve ao meu lado, mesmo nos momentos mais escuros.

Percebi o quanto havia vivido os últimos anos da minha vida em um evangelho morno, que não me aproximava verdadeiramente de Cristo nem confrontava quem eu era. Foi como se meus olhos fossem abertos para uma nova profundidade em Cristo. E, de maneira inesperada, a dor me levou para mais perto de Deus.

Como seres humanos, muitas vezes desejamos uma vida livre de dor, imaginando que a caminhada com Deus será marcada apenas por paz e conforto. Mas a verdade é que, assim como Deus não poupou Seu próprio Filho do sofrimento, somos chamados a enfrentar os desertos e os vales da vida. No entanto, assim como a ressurreição de Cristo estava garantida, Ele nos promete que a vitória também está assegurada para nós. "No mundo tereis aflições, mas tende bom ânimo; Eu venci o mundo" (João 16:33), disse Jesus. Ele nos assegura que, mesmo após as noites mais escuras, a alegria certamente virá pela manhã.

Com essa compreensão renovada, comecei a viver de uma forma diferente. Meu maior desejo passou a ser refletir o caráter de Cristo, caminhando como Ele caminhou, amando e servindo de todo o coração. Percebi que minha fé precisava estar diretamente conectada a Ele, sem intermediários ou atalhos. Passei a fundamentar cada aspecto de quem eu era e do que acreditava na Palavra de Deus. Nesse processo, minha fé encontrou um novo alicerce — não baseado em tradições, religiosidade ou dependente de pessoas, mas profundamente enraizado em um relacionamento pessoal e íntimo com o próprio Criador.

Foi nesse ponto de transformação, tanto para mim quanto para meu marido, que fizemos a oração mais perigosa de nossas vidas. Colocamos tudo nas mãos de Deus. Com os corações rendidos, dissemos: "Senhor, faça-se a Tua vontade em nossas vidas. Que possamos viver não apenas os Teus planos, mas o centro da Tua vontade." Essa oração foi um marco, uma declaração de que estávamos prontos para abrir mão do controle e permitir que Ele guiasse cada passo de nossa jornada.

Sempre me lembro de Jesus no Getsêmani, dizendo: *"Não se faça a minha vontade, mas a tua"* (Lucas 22:42). Essa oração me inspira a confiar plenamente no plano de Deus, mesmo quando não entendo o que está por vir. Sei que entregar o controle não é fácil, porque significa abrir mão das minhas expectativas e sonhos, mas é também reconhecer que os caminhos de Deus são maiores e melhores do que os meus.

Pedir para estar no centro da vontade de Deus é, sem dúvida, uma das orações mais desafiadoras que alguém pode fazer. Naquele momento, talvez não tivéssemos plena consciência da profundidade do que estávamos pedindo. Mas entendíamos que nada menos do que o propósito específico que Ele havia reservado para nós poderia nos satisfazer. Sentíamos que Deus nos chamava para uma entrega total e que somente ao render tudo a Ele poderíamos, de fato, experimentar o propósito para o qual fomos criados.

Orar para que Deus tome o controle total é uma declaração de confiança, mas também uma oração ousada que exige coragem. Essas orações perigosas desafiam nossas zonas de conforto, nos levando a lugares onde já não podemos depender de nossas próprias forças ou planos. É uma entrega completa — das nossas ideias, dos nossos medos e das nossas expectativas. Confiar dessa forma pode ser assustador, pois significa abrir mão daquilo que consideramos nossa segurança, o que muitas vezes é desconcertante. Porém, foi nesse estado de total vulnerabilidade que descobrimos o quão fiel Deus é para cuidar de nós em cada detalhe.

Essas orações exigem um abandono completo, um abrir de mãos para permitir que Deus tome o lugar central em nossas vidas. E foi exatamente isso que Ele começou a fazer, transformando cada área, de dentro para fora. Aprendemos que a entrega não é algo instantâneo, mas um processo contínuo. Quando oramos para que a vontade dEle fosse feita, não imaginávamos o quanto essa oração mudaria a forma como enxergamos a vida. Nossa percepção do que realmente importa, do que vale a pena, foi profundamente transformada. A partir desse momento, cada decisão e escolha passaram a ser guiadas por uma única pergunta: *"Isso nos aproxima do centro da vontade de Deus?"*

Entregar nossas vidas a Deus também significa estar dispostos a abrir mão dos nossos próprios sonhos para abraçar os sonhos dEle. Isso pode exigir deixar para trás projetos que levamos anos para construir e seguir por caminhos que jamais teríamos escolhido por conta própria. Aos poucos, percebemos que, ao orar para viver no centro da vontade de Deus, precisamos aceitar que Sua vontade, embora muitas vezes nos leve por estradas difíceis, é sempre repleta de propósito e significado.

À medida que vivíamos essa oração de entrega, Deus nos conduzia a novas experiências e desafios que nunca havíamos previsto. Descobrimos que, ao pedir para sermos moldados à imagem de Cristo, Ele nos coloca em situações que revelam nossos pontos fracos, nosso orgulho e nossas inseguranças, para que possamos ser transformados e purificados. Essas orações perigosas não são fáceis, mas nos levam a uma vida de verdadeira fé — uma fé que é fortalecida nas provações e nas renúncias.

Com o passar do tempo, começamos a experimentar uma liberdade que nunca havíamos conhecido. À medida que entregávamos nossos medos, inseguranças e desejos a Deus, sentíamos como se um peso fosse retirado dos nossos ombros. Percebemos que viver para Deus, no centro de Sua vontade, não é um fardo, mas uma libertação. Ele nos chama para uma vida de propósito e paz, mesmo quando enfrentamos as tempestades.

Essa liberdade nos deu a capacidade de enxergar o mundo com um novo olhar. Nossa visão da vida se expandiu, e começamos a ver cada desafio como uma oportunidade de confiar mais profundamente em Deus e permitir que Ele escrevesse nossa história. O controle que entregamos a Ele não nos deixou inseguros; pelo contrário, trouxe uma confiança firme de que, independentemente das circunstâncias, estávamos nas mãos dAquele que sabe exatamente o que é melhor para nós.

Quando decidimos viver no centro da vontade de Deus, compreendemos que a vida não é sobre os nossos planos, mas sobre o propósito que Ele deseja cumprir através de nós. Esse compromisso nos conduz a um relacionamento mais profundo com Deus, onde entendemos que o verdadeiro sentido da vida está em viver em obediência e rendição à Sua vontade.

Hoje, ao olhar para trás, percebo como essa oração de entrega foi um verdadeiro divisor de águas. Ao colocarmos nossas vidas completamente nas mãos de Deus, descobrimos um amor e uma paz que nada neste mundo pode oferecer. Ao decidir confiar e depender totalmente dEle, experimentamos uma intimidade com Deus que transcende palavras. Entendemos que o maior presente que podemos dar a nós mesmos é viver plenamente no centro da vontade dEle.

Orar de maneira perigosa é abrir o coração para que Deus revele tanto o melhor quanto o pior de nós, permitindo que Ele nos transforme em vasos de honra, prontos para ser usados conforme o Seu querer. Essa é a vida que verdadeiramente vale a pena — uma vida que, dia após dia, reflete mais do caráter de Cristo e encontra a verdadeira paz na obediência a Ele.

Assim como essa oração transformou a minha vida, oro para que você também encontre a coragem de fazer suas próprias orações perigosas. Que, ao orar, você confie plenamente que Deus estará ao seu lado, moldando o seu coração, guiando os seus passos e cumprindo os planos dEle — que são sempre maiores e melhores do que qualquer coisa que possamos imaginar.

Reflexão

Orar para que Deus faça Sua vontade é um ato de coragem e confiança. Essas orações não nos deixam no mesmo lugar, mas nos levam a caminhos desconhecidos, moldando nosso caráter e aprofundando nossa fé.

Chamada para a ação

Faça uma oração perigosa hoje, entregando a Deus um aspecto da sua vida que você ainda não entregou completamente. Confie no plano dEle e escreva suas expectativas e medos em relação a essa entrega.

CAPÍTULO 5

ENTENDENDO O CHAMADO

"ANTES QUE TE FORMASE NO VENTRE TE CONHECI, E ANTES QUE SAÍSSES DA MADRE, TE SANTIFIQUEI; ÀS NAÇÕES TE DEI POR PROFETA."
(JEREMIAS 1:5)

Crescer em uma casa como a minha, onde meus pais sempre foram cristãos, mas nunca estiveram na linha de frente da igreja, moldou muito da forma como eu via a mim mesma e meu papel na obra de Deus. Meus pais sempre trabalharam nos bastidores, contribuindo de forma discreta. Para mim, isso era algo natural. Sempre me senti confortável em estar nos bastidores, como intercessora pela minha casa e pela minha família, ou como apoio ao chamado do meu marido. No entanto, nunca havia percebido que também havia um chamado específico sobre minha vida.

Eu sabia que tinha algumas habilidades. Sou formada em matemática, fui professora no Brasil por alguns anos, gosto de falar em público e sempre tive prazer em estudar e aprender. Mas, mesmo reconhecendo esses talentos, nunca os vi como um preparo para algo maior no Reino de Deus. As pessoas ao meu redor também não enxergavam isso em mim, e, por muito tempo, aceitei essa visão limitada sobre meu potencial.

As coisas começaram a mudar quando tive a oportunidade de servir de uma forma diferente, cuidando de outras pessoas, caminhando com elas e sendo vista como alguém capaz de pastorear. No início, isso me assustou, porque nunca me enxerguei assim. Era como se Deus tivesse escondido esse propósito não apenas de mim, mas também das pessoas ao meu redor.

Ansiamos por fazer algo para Deus, mas nem sempre estamos dispostos a fazer o que Ele tem nos pedido. Apesar de começar a ver essa mudança acontecendo ao meu redor, minhas incertezas ainda ocupavam uma grande parte da minha mente. Eu conseguia ver claramente o chamado de Deus para a vida do meu marido, mas não para a minha.

Mas em meio ao trabalhar para Deus, Ele começa a trabalhar em nós. Um dia, escrevendo uma pregação sobre Abraão e Sara, Deus começou a trazer clareza ao meu coração. E ao subir para pregar, algo extraordinário aconteceu.

Enquanto eu falava sobre Abraão e Sara e sobre como, ao receber a promessa de Deus de que Abraão seria pai de multidões, Sara tentou ajudar a promessa, oferecendo sua escrava para que Abraão tivesse um filho. Entendi que naquele momento, Sara não percebeu que a promessa também era dela. Ela achava que Deus tinha um plano apenas para Abraão, mas não para ela. Contudo, Deus não faz confusão. Quando Deus deu a Abraão a promessa, Ele incluiu Sara também, pois eles eram uma só carne.

Enquanto eu falava, o Espírito Santo me tocou profundamente. De repente, percebi que aquilo que eu dizia sobre Sara era também sobre mim. Assim como Sara, por muito tempo eu achei que o propósito era apenas do meu marido. Eu via a mim mesma apenas como um suporte, mas, naquele momento, Deus me mostrou que o chamado sobre a vida dele também era um chamado sobre a minha. Fiquei tão impactada por essa revelação que quase não consegui continuar a pregação. Foi como se Deus tivesse aberto meus olhos para algo que eu nunca havia percebido: Ele nos escolheu juntos, com um propósito semelhante.

Acredito que meu esposo já estava esperando por esse momento há algum tempo, embora para mim tenha sido uma surpresa. A transformação não aconteceu da noite para o dia; foi fruto de um longo processo em que Deus trabalhou pacientemente em nossos corações. Hoje consigo perceber claramente que, mesmo antes de compreendermos, Ele já estava moldando, direcionando e confirmando tudo aquilo que nos havia prometido anteriormente.

Para o meu esposo, ver essa transformação acontecendo em mim foi surpreendente, mas também significativo e esperado. Foi como se Deus finalmente tivesse aberto meus olhos para perceber que o chamado era nosso, e não apenas dele. No início, isso gerou certo susto, mas também trouxe uma profunda alegria e satisfação em cumprirmos juntos como um so o propósito de Deus. E hoje, vejo que os papéis se inverteram um pouco: antes era eu quem o impulsionava; agora ele é quem mais me impulsiona e encoraja. Caminhamos juntos, apoiando-nos mutuamente, conscientes de que o chamado divino se cumpre plenamente quando estamos unidos em um mesmo propósito e fé.

Então minha visão mudou! Comecei a buscar em Deus mais sobre esse chamado e a abrir meu coração para viver com os olhos que Ele tinha sobre mim. Eu tinha o desejo constante de me enxergar como Deus me via. Meus desejos mudaram, e coisas que eu nunca imaginei fazer, como pregar, pastorear e caminhar lado a lado com outras pessoas, tornaram-se a minha paixão.

Já o meu esposo sempre soube que foi criado para servir. Desde muito jovem, ele carregava uma paixão pelo ministério, um desejo sincero de estar na igreja e atuar onde fosse necessário — ministrando louvor, tocando um instrumento, pregando ou intercedendo. Sua presença era claramente abençoada e usada por Deus, e hoje, ao olhar para trás, percebo que Ele já estava moldando o coração do meu marido para o chamado. Deus, de forma amorosa e paciente, estava preparando cada detalhe, como um Pai que cuidadosamente cuida de cada passo no caminho do filho.

O chamado era para nós dois, e foi um dos momentos mais desafiadores da minha vida. A ficha caiu aos poucos, e, no início, meu coração relutava em aceitar. Por que Deus me chamaria para algo que eu nunca busquei, para o qual eu não me sentia preparada ou capacitada? Eu me perguntava o que Ele tinha em mente ao fazer isso. A verdade é que, se você perguntasse à minha família ou aos meus amigos, a reação deles provavelmente seria de surpresa. Minha própria mãe, se fosse questionada, talvez admitisse que não sabia como reagir a essa ideia.

Parece engraçado, mas essa era a realidade em que me encontrava. Durante tanto tempo, eu havia treinado minha mente e meu coração para ser o suporte de outra pessoa, a força silenciosa, o apoio discreto nos bastidores. Agora, Deus estava me chamando para uma posição diferente, pedindo que eu estivesse ao lado do meu marido, dividindo com ele o serviço de modo ativo. Me tirando de detrás das cortinas.

Aceitar esse chamado foi uma das decisões mais difíceis. Eu não conseguia entender por que Deus havia me escolhido para algo para o qual eu não sentia nenhuma inclinação natural. Não conseguia imaginar o que Ele desejava fazer através de mim, pois, sinceramente, eu não me via como alguém adequada para a tarefa. Sentia-me completamente inadequada, sem a experiência ou a vocação necessária para uma responsabilidade tão grande. Era um chamado que expunha minhas limitações e inseguranças de forma clara e inegável.

No entanto, ao mesmo tempo, algo profundo estava acontecendo dentro de mim. Eu vivia um momento de intimidade e confiança em Deus como nunca antes. Ele havia me resgatado de uma depressão profunda, renovando meu coração, curando minhas feridas e fazendo tudo novo em minha vida. Nesse contexto, comecei a perceber que, talvez, Deus estivesse me preparando para esse tempo, mesmo que eu nunca tivesse enxergado.

Foi então que entendi algo fundamental: Deus sabia exatamente para que eu havia sido criada. Ele conhecia cada detalhe de quem eu era, minhas forças e fraquezas. Como meu Criador, Ele sabia o que estava fazendo. Eu não precisava duvidar de que Ele me daria todas as ferramentas necessárias para responder ao chamado de maneira satisfatória. Com Ele ao meu lado, eu poderia superar minhas limitações e medos. Afinal, como duvidar que o Pai, que me ama tão profundamente, me chamaria para um caminho de derrota?

Quando li a passagem de Êxodo 4:10-12, senti que Deus estava falando diretamente comigo. Assim como Moisés, eu me via cheia de limitações, insegura e inadequada para o que Deus estava me chamando a fazer. Mas as palavras do Senhor me trouxeram consolo: "Eu serei com a tua boca e te ensinarei o que hás de falar." Foi um lembrete poderoso de que Deus não depende das minhas habilidades, mas da minha disposição em confiar nEle. Se Ele foi capaz de usar Moisés, que também se sentia incapaz, então eu podia crer que Ele também me daria tudo o que fosse necessário para cumprir o chamado que havia colocado em minha vida.

Apesar de toda essa certeza, a aceitação não foi fácil. Fui confrontada pela opinião das outras pessoas e pelos meus próprios pensamentos. Isso me lançou novamente em um lugar de dúvidas e medos. Mas, dessa vez, algo era diferente: meus olhos não estavam fixos nas pessoas, nas críticas ou nas minhas inseguranças. Deus havia preparado o meu coração e provado minha fé, para que naquele momento meus olhos estivessem firmes somente nEle.

À medida que fui rendendo meu coração a esse novo propósito, compreendi que Deus nunca nos chama para algo sem antes nos equipar. Mesmo quando não sentimos que temos o que é necessário, Ele nos dá a força e a sabedoria para cada passo. Esse entendimento trouxe uma paz profunda ao meu coração e começou a transformar completamente minha perspectiva sobre o chamado.

Olhando para trás, percebo que, ao longo de toda a minha vida, Deus estava me moldando e me preparando para algo que eu nunca poderia imaginar. Nos momentos mais difíceis, nas provações e até nas crises, Ele estava trabalhando em mim. Cada desafio, cada lição de humildade, cada experiência de dor e restauração foi como um tijolo na construção de quem eu precisava ser para esse chamado. Deus sabia que, sem esse processo, eu não teria o coração necessário para responder ao chamado.

O Senhor me ensinou que, muitas vezes, Ele nos prepara de maneira sutil, e só percebemos essa preparação quando olhamos para trás e vemos como cada detalhe nos conduziu até o momento presente.

Ele sabia que eu não aceitaria de imediato, mas me guiou por um caminho de dependência e confiança, fortalecendo minha fé até que eu estivesse pronta para receber essa missão com humildade e gratidão.

Hoje, embora ainda enfrente dúvidas e desafios, percebo que Deus não nos chama para falhar, mas para confiar e obedecer. Ele não me chamou para algo que eu não pudesse realizar com Sua ajuda. Aprendi que, ao responder ao Seu chamado, não dependo das minhas próprias forças, mas da força dEle em mim. Em minha fraqueza, Ele se torna a minha fortaleza. Cada dia é um passo de confiança e obediência e, mesmo que eu ainda não compreenda completamente tudo o que Ele deseja fazer, tenho a certeza de que Ele é fiel para cumprir o Seu propósito em minha vida.

Quando fizemos a oração perigosa de entrega total, abrimos as portas para que Deus conduzisse nossa vida por caminhos que jamais imaginávamos. Hoje, o chamado pastoral é o reflexo do quanto Ele deseja usar cada um de nós para impactar a vida dos outros e compartilhar Seu amor e misericórdia. Ao responder a esse chamado, sinto que estou finalmente vivendo aquilo para o que fui criada, mesmo sabendo que isso exigiu renúncia.

A caminhada com Deus é um processo contínuo de aprendizado,

confiança e transformação. Este é apenas o início de uma jornada maior. Cada passo que dou ao lado do meu marido, cada oração feita por nossa missão, e cada dia que vivemos esse chamado são novas oportunidades para crescer em fé e conhecer mais profundamente o coração de Deus. Mesmo que a estrada seja desafiadora, tenho plena certeza de que Ele está conosco, guiando cada decisão e fortalecendo nossa fé ao longo do caminho.

O chamado de Deus nem sempre se revela de forma clara ou imediata, e muitas vezes chega no momento menos esperado. Mas, quando Ele nos chama, também nos prepara, capacita e transforma de maneiras que só compreenderemos ao longo da jornada. Confie nEle. Permita que Ele te guie, pois somente Deus sabe exatamente para o que você foi criado.

Hoje, uma das coisas que mais amo é falar da Palavra de Deus, estar junto das pessoas, ajudá-las a caminhar e dar a mão a quem precisa. Compreendi que eu fui criada de forma intencional por Deus, com talentos e características específicas para cumprir o propósito que Ele tinha para minha vida. Mesmo que tenha demorado a descobrir isso, Deus já havia me preparado pensando neste tempo, nesta estação que vivo hoje.

Aprendi que Deus nos molda exatamente como precisamos ser para o propósito dEle, e isso mudou completamente a forma como enxergo a mim mesma. Hoje, caminho com confiança, sabendo que cada detalhe de quem sou foi desenhado por Ele para a Sua glória.

Reflexão

Cada pessoa tem um chamado único e especial. Entendê-lo é um processo de entrega e confiança em Deus. Quando percebemos que Ele já nos capacitou para a missão, encontramos forças para dizer "sim" ao propósito divino.

Chamada para a ação

Reflita sobre os talentos e dons que você possui. Pergunte a Deus como Ele deseja que você use esses dons para o serviço dEle e tome uma pequena ação para começar a cumprir esse chamado.

CAPÍTULO 6

BUSCANDO A MINHA IDENTIDADE EM DEUS

"POIS SOMOS FEITURA DELE, CRIADOS EM CRISTO JESUS PARA BOAS OBRAS."
(EFÉSIOS 2:10)

Ao escrever este capítulo, pode parecer, tanto para mim quanto para você, que essa jornada foi fácil e rápida. Mas a verdade é que, como qualquer processo significativo na vida, é uma trajetória de aprimoramento contínuo, onde cada passo exige dedicação, paciência e fé. Ainda que Deus já tenha me dado todas as ferramentas para cumprir o chamado, percebo que, diariamente, preciso buscar minha identidade nEle. Cada caminho e cada desafio exigem algo novo de nós e, a cada passo em direção ao chamado de Cristo, sou convidada a renunciar partes de quem eu era ou de quem imaginava ser.

Nos últimos anos, meu maior desejo tem sido descobrir quem sou em Cristo e encontrar minha verdadeira identidade no Pai. Tenho buscado nEle a confirmação das minhas fraquezas e forças, a revelação do que Ele deseja para mim e as respostas para cada dúvida que surge em meu coração. Essa tem sido uma jornada de autoconhecimento, não pela perspectiva humana, mas sob o olhar do Criador. Todos os dias, tenho me esforçado para enxergar-me com os olhos de Deus, entendendo que sou uma obra em constante construção, sendo moldada à medida que me aproximo mais dEle.

Mesmo compreendendo o que Deus deseja para mim, o caminho não está isento de lutas e provações. A cada avanço, enfrento desafios que testam minha fé e minha perseverança. A oposição pode surgir de forma física, emocional ou espiritual, e há dias em que o inimigo tenta me fazer questionar quem sou em Deus. Ele usa circunstâncias, pessoas e até mesmo minhas próprias dúvidas internas para tentar me afastar do caminho de Cristo, plantando em meu coração sementes de insegurança, desmotivação e incerteza.

Por isso, a busca por minha identidade em Deus precisa ser diária e constante. Aprendi que minha fé e minha identidade em Cristo não são algo que posso simplesmente assumir uma vez e depois deixar de lado; elas precisam ser cultivadas, reafirmadas e aprofundadas continuamente. Em meio às lutas, a Palavra de Deus tem sido minha âncora, lembrando-me de que sou amada, escolhida e chamada para um propósito. Quando sinto que minha identidade está sendo atacada, encontro força na comunhão com Deus, relembrando que Ele nunca me deixará nem me abandonará.

Nesse processo de buscar minha identidade em Deus, aprendi algo fundamental: precisamos de pessoas ao nosso lado que também amem a Deus, que nos impulsionem a nos aproximar ainda mais dEle. É fácil se distrair com vozes que, muitas vezes de forma sutil, nos afastam do chamado de Deus para nossas vidas. O inimigo usa várias estratégias para nos desviar do caminho, e, muitas vezes, coloca ao nosso redor pessoas que, consciente ou inconscientemente, acabam nos desencorajando.

Como diz Provérbios 13:20: "Aquele que anda com os sábios será cada vez mais sábio, mas o companheiro dos tolos acabará mal." Isso me ensinou que as amizades que escolho influenciam diretamente quem estou me tornando. Além disso, Eclesiastes 4:9-10 reforça essa verdade ao dizer: "Melhor é serem dois do que um, porque têm melhor recompensa pelo trabalho. Pois, se um cair, o outro levanta o seu companheiro." Ter amigos que amam a Deus significa ter pessoas que me encorajam, me levantam nos momentos difíceis e me ajudam a permanecer firme no propósito que Deus tem para mim. Esses relacionamentos são presentes que fortalecem minha fé e me aproximam ainda mais de Cristo.

Tenho uma amiga que sempre esteve ao meu lado em cada etapa da caminhada. Em meio a tudo o que aconteceu, ela nunca permitiu que eu esquecesse as promessas de Deus para minha vida. Sempre que eu me sentia desanimada, sempre que pensava em desistir, ela me lembrava das palavras que Deus já havia declarado sobre mim. Com paciência e firmeza, me impulsionava a continuar, a confiar que Deus cumpriria tudo aquilo que havia prometido.

Ela foi um verdadeiro consolo nos momentos mais difíceis. E ao longo do caminho, Deus colocou outras pessoas ao meu redor, pessoas que amavam a Cristo mais do que a mim, e que me apontavam constantemente para Ele. Para elas, minha missão era mais importante do que meus sentimentos momentâneos, pois sabiam que o chamado vinha de Deus e não de mim.

Por isso, hoje, meu conselho a você é simples, mas essencial: **cerque-se de pessoas que amem a Deus mais do que amam a você**. Busque amizades que tenham temor a Deus, que te apoiem nos momentos de fraqueza e dúvida e que te lembrem de quem você é nEle, especialmente quando você mesmo esquecer. Procure amigos que te encorajem a buscar a presença de Deus, que não hesitem em te lembrar do chamado que Ele colocou em sua vida e que estejam dispostos a caminhar com você em oração, perseverança e fé.

Peça a Deus que coloque em sua vida pessoas que O conheçam profundamente e compartilhem da visão que Ele tem para você. Essas amizades podem transformar completamente a sua jornada. Com o apoio de amigos que compartilham sua fé, os desafios se tornam mais suportáveis, as lutas menos solitárias e as vitórias ainda mais significativas.

Buscando minha identidade em Deus, tenho aprendido que não há fonte de força maior do que a intimidade com Ele. Nos momentos de dúvida, insegurança e medo, a oração tem sido minha ponte para a paz e a confiança. Descobri que posso recorrer a Cristo a qualquer momento, com a certeza de que Ele me ouve e me fortalece. Ele é quem me chamou, e, por meio de Seu amor perfeito, me capacita para enfrentar cada desafio.

Sempre que sinto o peso da jornada, lembro-me de que Deus é minha fonte de socorro. Ele conhece cada detalhe da minha vida, incluindo meus sonhos e as dificuldades que enfrento. Ao clamar por ajuda, sinto Sua paz me envolver, renovando minhas forças e reafirmando que nunca estou sozinha. Essa verdade me sustenta diariamente, pois sei que, em Cristo, tenho acesso a uma vitória que Ele já garantiu por meio do Seu amor e sacrifício.

Sempre fui uma pessoa mais reservada, calada, enquanto meu marido é exatamente o oposto: alegre, expansivo, sempre amável e cercado de amizades. Essa convivência constante com alguém tão diferente de mim gerava inevitavelmente comparações. Além disso, meu irmão também é uma pessoa aberta e sociável, o que reforçava ainda mais a ideia de que minhas características não eram positivas. Eu mesma me comparava a eles e permitia que as comparações externas criassem em mim a visão de que algo estava errado comigo.

Foi um processo lento até que o Senhor começasse a trabalhar em mim, mostrando que Ele me fez exatamente como sou por um propósito. Com o tempo, aprendi que aquilo que eu antes chamava de defeito era, na verdade, um ponto forte que Deus me deu. O que antes parecia ser uma barreira, agora vejo como uma ferramenta. Entendi que Deus me criou de maneira específica porque Ele tinha um propósito claro para minha vida. Mas para enxergar isso, precisei mudar a forma como me via.

Se continuasse me focando nas críticas externas e internas, aquelas características que eu via como negativas teriam se tornado verdadeiras barreiras. Quando comecei a reconhecê-las como dons, algo mudou. Pude trabalhar nesses pontos, transformando-os em forças ainda maiores. Foi um processo de ressignificação, de aceitar quem eu era e o papel que Deus planejou para mim.

Parte desse processo foi entender que meu chamado vai além de apoiar o meu marido, embora isso também seja uma parte importante. Fui chamada para ser intercessora, para sustentar e apoiar, mas isso não define tudo o que sou. Nossos chamados, ainda que diferentes, se complementam.

Aprendi também o perigo da comparação. Quando nos comparamos aos outros, ignoramos a singularidade do propósito de Deus para cada um de nós. Deus não nos fez iguais, porque nossos chamados, missões e objetivos também não são iguais. Fomos criados de forma única, moldados para cumprir um propósito específico que já estava nos planos de Deus.

Foi um aprendizado transformador. À medida que deixei de lado a comparação e passei a valorizar a maneira como Deus me criou, consegui me libertar das pressões externas e das críticas que eu mesma me impunha. Hoje, reconheço que Deus me formou exatamente como sou, com as características que tenho, porque elas são parte essencial do propósito dEle para minha vida. Essa ressignificação não aconteceu de uma só vez, mas aos poucos, como um quebra-cabeça que Deus montou para me mostrar a beleza e a força que sempre estiveram ali.

Sei que a caminhada ainda é longa e que haverá momentos em que minha fé será provada. Porém, também sei que, se eu mantiver meus olhos fixos nEle, encontrarei forças para seguir em frente, descobrindo, a cada dia, mais sobre quem sou em Cristo.

Encerro este capítulo com uma oração e um convite para você: **busque sua identidade em Deus**. Peça a Ele que te mostre quem você é aos Seus olhos e experimente a paz que surge ao viver em obediência ao Seu propósito. Abra seu coração e permita que Ele molde você, renove sua mente e revele os planos que deseja realizar através da sua vida. Confie que Aquele que te criou tem um plano perfeito, e, ao caminhar com Ele, você encontrará a verdadeira essência de quem foi criado para ser.

Lembre-se sempre de que Deus está ao seu lado e que Sua presença é tudo o que você precisa para enfrentar qualquer desafio. Que Ele te conduza, te fortaleça e, a cada passo, você descubra mais sobre o amor e a paz que só podem ser encontrados nEle.

Reflexão

A verdadeira identidade não está nas opiniões dos outros ou nas comparações, mas em quem Deus nos criou para ser. Encontrar nossa identidade nEle é descobrir um amor incondicional que nos dá força e segurança.

Chamada para a ação

Reserve um tempo para meditar nas Escrituras que falam sobre quem você é em Cristo. Escreva uma lista de afirmações sobre sua identidade em Deus e recite-as diariamente.

CAPÍTULO 7

QUEM EU SOU NAS MÃOS DE DEUS?

"MAS AGORA, SENHOR, TU ÉS NOSSO PAI;
NÓS SOMOS O BARRO, TU ÉS NOSSO OLEIRO;
E TODOS NÓS, OBRA DAS TUAS MÃOS."
(ISAÍAS 64:8)

Uma das maiores surpresas ao longo dessa jornada foi perceber que, nas mãos de Deus, sou uma pessoa completamente diferente. Minha capacidade de resiliência, de aprender e de me transformar vai muito além do que eu jamais poderia alcançar sozinha. Quando tento manter o controle, meus limites são claros e restritivos, mas, ao entregá-lo a Deus, descubro que Ele pode fazer muito mais através de mim. Lugares e pessoas que nunca imaginei alcançar passam a fazer parte da minha caminhada, e a obra de Deus na minha vida se torna evidente de uma maneira que só Ele poderia realizar.

Antes, eu acreditava que o chamado era algo que eu precisava assumir sozinha, uma responsabilidade pesada a ser carregada nas minhas costas. No entanto, à medida que fui entendendo o que significa me submeter a Deus, percebi que minha verdadeira função é ser um canal. Quando saí do centro e permiti que Deus fosse o protagonista, tudo começou a mudar. A tensão e o peso que antes me sobrecarregavam se dissolveram, dando lugar à confiança. Nas mãos dEle, meu papel deixou de ser uma busca por realizações pessoais e se transformou em uma caminhada de serviço.

Com o tempo, percebi que muitos dos meus medos estavam enraizados no orgulho. Eu temia fracassar, mas esse medo tinha mais a ver com a imagem que eu queria passar do que com a obra que Deus desejava realizar através de mim. Quando finalmente entendi que o propósito do chamado era glorificar a Deus e não a mim mesma, o orgulho começou a perder espaço, e, com ele, o medo também começou a se dissipar.

A transformação profunda aconteceu quando decidi deixar o orgulho de lado e aceitei que, se Deus quiser me usar, Ele me usará, e, se não quiser, eu também precisarei estar em paz. O chamado é dEle, a missão é dEle, e minha única responsabilidade é estar disponível e atenta à Sua voz. Minha função é permanecer aberta ao que Ele deseja realizar, sem buscar reconhecimento ou aprovação das pessoas ao meu redor. Essa mudança trouxe uma paz que eu nunca havia experimentado, pois a responsabilidade pelo sucesso ou fracasso deixou de pesar sobre os meus ombros e passou a estar completamente nas mãos de Deus.

Descobri que, como ministros do evangelho, é fácil nos deixarmos levar pelas críticas, mas também podemos ser enganados pelos elogios. E, sinceramente, não sei qual deles é mais perigoso. Os elogios podem sutilmente inflar nosso orgulho, nos afastando da humildade e da dependência de Deus. No entanto, quando compreendi que tudo de bom que há em mim vem dEle, e que tudo de falho e limitado é fruto das minhas próprias imperfeições, percebi que não há espaço para vanglória. Tudo o que faço de valor é apenas reflexo da graça e do poder de Deus operando em minha vida.

Passei a fazer uma oração diária, pedindo a Deus que guarde meu coração. Sempre que sinto minha confiança balançar, lembro-me dAquele que me chamou e do propósito para o qual Ele me chamou: atrair o reino de Deus para a Terra, conduzir as ovelhas perdidas de volta ao aprisco e ser uma luz em meio à escuridão. Isso me traz de volta ao essencial, lembrando-me de que, no final, minha missão não é sobre mim, mas sobre Ele e o impacto que Ele deseja realizar através da minha vida.

Após essa compreensão, minhas decisões cotidianas começaram a mudar. Antes de assumir novos compromissos ou desafios ministeriais, passei a consultar Deus em oração, esperando Sua confirmação antes de agir. Isso trouxe paz e direcionamento claro às minhas decisões.

Essa percepção me levou a uma oração sincera, pedindo a Deus que guardasse meu coração do orgulho e me ajudasse a depender totalmente dele:

"Senhor, sei que o Senhor tem algo a realizar hoje nesta terra. Por favor, me inclua nos Seus planos e me permita participar daquilo que o Senhor está fazendo. Quero ser um canal de bênção para as Suas ovelhas, mas, Pai, nunca deixe que o meu coração se encha de orgulho pelos Seus feitos. Leve minha mente cativa a Ti e esconda o meu coração do orgulho. Não permita que eu me esqueça de que tudo o que sou é fruto da Tua graça e do Teu favor."

Nas mãos de Deus, minha identidade não é definida pelas minhas conquistas, falhas ou pela opinião das pessoas ao meu redor. Quando me entrego a Ele, sou chamada a viver em dependência e obediência, confiando na Sua condução, mesmo quando os caminhos são incertos. Aprendi que o sucesso ou o fracasso de uma missão não está sob o meu controle, pois, nas mãos dEle, sou apenas um instrumento, pronta para ser usada conforme Sua vontade. É uma posição de humildade, onde não me apego aos resultados, mas coloco meu coração na obediência a Ele.

Essa postura me permite encarar os desafios e as vitórias com o mesmo coração, reconhecendo que ambos fazem parte do processo de servir a Deus e aprender com Ele. Nas Suas mãos, sou moldada, corrigida e restaurada sempre que necessário. Ele me chama a entregar não apenas meus desejos e sonhos, mas também minhas inseguranças, para que possa trabalhar livremente em mim, realizando o que só Ele pode fazer.

Compreender quem eu sou nas mãos de Deus é um processo contínuo, uma caminhada de descoberta que exige humildade e disposição para aprender a cada dia. Não se trata apenas de entender o que Ele deseja fazer através de mim, mas de aceitar o que Ele está fazendo em mim. Deus me molda não apenas para o ministério, mas para que eu seja transformada à imagem de

Cristo, vivendo em paz e segurança no Seu amor.

Ao me render a Deus, encontro uma força que jamais poderia ter sozinha. Deixo para trás o peso das expectativas dos outros, o orgulho de buscar reconhecimento e o medo de falhar. Sou filha de Deus, chamada para ser um instrumento de Sua paz e amor, e nada neste mundo é mais precioso do que isso.

Meu desejo é que você também descubra quem é nas mãos de Deus. Ele é o Oleiro, e nós somos o barro. Nas mãos dEle, somos moldados com amor e propósito, para que nossa vida reflita a glória do Criador. Confie nEle. Entregue o controle e permita que Ele molde sua vida, transformando você em um canal de luz e amor neste mundo.

Nos dias atuais, é fácil querer ser o próprio oleiro, tentando moldar nossa vida com base em nossos desejos, sonhos e expectativas. Porém, quando confiamos em Deus como o Oleiro, entendemos que Suas mãos são firmes e amorosas, capazes de nos moldar em algo muito maior do que poderíamos imaginar. O processo pode envolver dor, ajustes e até quebras, mas cada etapa tem um propósito. Assim como o oleiro cuida de cada detalhe ao moldar o barro, Deus cuida de cada área da nossa vida, preparando-nos para cumprir o propósito para o qual fomos criados. Se permitirmos que Ele trabalhe em nós, o resultado será uma vida que glorifica o Criador e impacta todos ao nosso redor.

Reflexão

Nas mãos de Deus, nossa vida ganha um significado maior. Ele nos molda para cumprir Seu propósito, transformando nossas fraquezas em força e nossas dúvidas em fé inabalável.

Chamada para a ação

Peça a Deus para revelar áreas da sua vida onde você precisa confiar mais nEle. Anote essas áreas e entregue-as a Ele em oração, buscando Sua direção e força.

CAPÍTULO 8

TRANSFORMANDO O CHORO EM TESTEMUNHO

"AQUELES QUE SEMEIAM COM LÁGRIMAS, COM CÂNTICOS DE JÚBILO COLHERÃO."
(SALMOS 126:5)

Meus pais se converteram quando eu tinha apenas três meses de vida. Desde que me entendo por gente, cresci dentro da igreja, em uma família cristã que passou por um processo profundo de libertação e transformação. Minha infância foi marcada pela vivência na igreja, uma comunidade muito de fé muito avivada.

Desde cedo, tive muitas experiências com Deus e com o que Ele fazia. Minha mãe sempre nos ensinou a não sermos cristãos apenas porque ela e meu pai eram, mas a buscarmos nossas próprias experiências com Deus. Assim, desde a minha mais tenra idade, tenho caminhado na fé cristã. Aceitei Jesus como meu Salvador aos cinco anos e, embora tenha me afastado por um breve período na adolescência, nunca mais desviei do caminho. Desde então, minha caminhada com Deus tem sido constante.

Cresci testemunhando o agir de Deus em minha família. Cresci conhecendo um Deus que opera sinais e maravilhas. Vi milagres acontecendo dentro do meu lar. Vi minha mãe ser curada de uma grave infecção no sangue, onde os médicos já não podiam fazer nada para ajudá-la, e através de uma palavra liberada por Deus, sua saúde foi restaurada. Foram esses momentos que moldaram a minha vida com Deus e quem sou hoje.

Atualmente, mais de dois anos após os eventos que inspiraram este livro, percebo que Deus precisava gerar em mim — e através de mim — um testemunho poderoso e transformador. Ele permitiu que eu enfrentasse uma grande tempestade, tirando-me da minha zona de conforto e trabalhando em mim de forma tão profunda que reformulou minhas percepções, tradições e até minha religiosidade. Deus não queria que eu apenas soubesse ou falasse sobre Sua fidelidade; Ele queria que eu a experimentasse de forma real e pessoal. Ele desejava que meu testemunho fosse vivido, não apenas lido ou ouvido, e que eu tivesse autoridade para falar de Sua fidelidade com base naquilo que experimentei em minha própria jornada de fé.

E meu Deus, como tenho vivido milagres. Tenho visto portas se abrirem onde nunca imaginei. Tenho testemunhado mudanças profundas de pensamento e transformações de vidas, um verdadeiro avivamento de fé que eu jamais pensei que presenciaria. Hoje, entendo que, para atrair a presença de Deus e experimentar um avivamento genuíno, é necessário reconhecer nossa própria fragilidade e miséria, abrindo espaço para que Ele opere toda a mudança que deseja em nós. Quando nos rendemos completamente, Deus nos transforma de maneiras que só Ele pode realizar.

Depois de anos vivendo uma fé que, embora sincera, era morna e sem impacto, Deus me levou a um lugar de sede e fome pela Sua presença. Ele me conectou com pessoas sedentas pelo sobrenatural de Deus, pessoas que buscam continuamente ser instrumentos em Suas mãos. Essas conexões fortaleceram minha caminhada e me encorajaram a viver uma fé que transborda, que toca a vida de outros e que exala a presença de Deus em cada gesto, palavra e atitude.

Aprendi que Deus não desperdiça nossas lágrimas. Cada dor, cada luta e cada dificuldade se tornam um tijolo na construção de um testemunho. Deus transforma nosso choro em uma história de superação, e é por meio dessas experiências pessoais que ganhamos autoridade para falar e impactar vidas. Descobri que, ao compartilhar o que Deus fez em mim, posso ajudar outros a enxergar o que Ele também pode fazer em suas vidas. Somos chamados para ser embaixadores de Cristo, e isso significa ser testemunhas vivas daquilo que experimentamos em Deus, refletindo Seu amor e poder em tudo o que fazemos.

Um testemunho poderoso não é construído apenas com palavras; ele precisa ser vivido. Quando nossa voz é fortalecida pela vivência e pela fé, ela carrega uma força única. Cada momento de fraqueza, cada lágrima derramada, cada oração sincera — tudo isso se torna parte de um testemunho que glorifica a Deus e revela Sua graça e amor. Percebi que, muitas vezes, é nos momentos de maior desespero e vulnerabilidade que Deus manifesta Seu poder de forma mais evidente, transformando essas experiências em uma história capaz de impactar e mudar vidas.

Ser tocada por Deus de maneira tão profunda mudou completamente minha perspectiva de vida. Minha fé se tornou como um rio de águas vivas, fluindo em uma busca constante pela presença de Deus. E, à medida que eu O buscava de todo o coração, Ele me aproximou de pessoas que compartilham desse mesmo desejo — pessoas com sede e fome de viver o sobrenatural de Deus a cada dia.

Percebi que o avivamento é fruto de uma entrega genuína, de uma renúncia aos velhos hábitos e de uma vontade sincera de ser moldado por Deus. Ele deseja derramar Seu poder e Sua presença sobre aqueles que O buscam em espírito e em verdade, com o coração totalmente voltado para fazer Sua vontade. Deus nos chama para sermos instrumentos em Suas mãos, canais vivos que levam Sua mensagem de cura, libertação e transformação a todas as pessoas ao nosso redor.

Não sei qual é a dificuldade que você está enfrentando hoje, mas sei que creio em um Deus que muda histórias. Um Deus que faz milagres, que cura, salva e liberta. Um Deus que não conhece barreiras ou limites, e que transforma nossas dores mais profundas em testemunhos capazes de impactar gerações. Ele deseja usar a sua vida para mostrar ao mundo que não há limites para o Seu poder e o Seu amor.

Não deixe que os milagres que Deus tem realizado em sua vida sejam enterrados pelo medo ou pelo desânimo. Não permita que sua voz seja silenciada. Aquilo que Deus tem feito em você pode ser exatamente a palavra de esperança que alguém ao seu redor está esperando ouvir. Lembre-se de que, como embaixadores de Cristo, somos chamados a testemunhar o que Ele fez em nós. Não apenas o que lemos ou ouvimos, mas aquilo que vivemos e experimentamos em nossa própria caminhada de fé.

Meu desejo é que você, leitor, não seja apenas um espectador do que Deus tem feito na vida dos outros. Muitas vezes, ao ouvirmos histórias de vitória e transformação, podemos pensar que essas experiências estão fora do nosso alcance. Mas a verdade é que tudo o que Deus tem para nós está igualmente disponível para todos os que O buscam com sinceridade. Ele deseja que cada um de nós experimente a profundidade do Seu amor e poder. O Senhor nos chama para uma vida ativa de fé, onde não somos apenas ouvintes, mas protagonistas daquilo que Ele deseja realizar no mundo.

Se Deus está operando em sua vida, compartilhe. Testemunhe sobre o que Ele fez por você. Ao fazer isso, você não apenas fortalece sua própria fé, mas também encoraja outros a buscarem o mesmo Deus, a experimentarem a mesma graça e o mesmo amor que te alcançaram. Permita que sua história de dor se transforme em uma mensagem de esperança, e que seu testemunho seja uma luz para aqueles que ainda estão na escuridão. Que sua vida seja uma prova viva do poder transformador de Deus, capaz de inspirar outros a também caminhar em fé.

Quando leio Atos 1:8, sinto o peso e a honra do chamado de ser uma testemunha de Cristo. Jesus disse que, ao recebermos o Espírito Santo, seríamos Suas testemunhas em todos os lugares, e isso me lembra que o poder que vem dEle não é apenas para mim, mas para alcançar outros. Meu testemunho não é só uma história pessoal; é uma oportunidade de mostrar ao mundo o que Deus pode fazer. Saber que Ele me escolheu para ser uma voz que proclama Seu amor e poder me dá coragem para compartilhar o que vivi, acreditando que meu testemunho pode levar esperança e transformação à vida de outras pessoas.

Hoje, sei que cada lágrima, cada luta e cada momento de dor foram usados por Deus para moldar em mim um testemunho que O glorifica. Ele me deu uma história para contar, uma história que não termina na dor, mas na vitória de conhecê-Lo de forma íntima e verdadeira. Meu testemunho é a prova viva de que, nas mãos de Deus, nossa dor se transforma em propósito, e nosso sofrimento se torna a plataforma pela qual podemos alcançar e impactar a vida de outros.

Que você também permita que Deus transforme seu choro em um testemunho. Que sua vida seja uma prova viva do amor e do poder de Deus. Lembre-se de que Ele não te chamou para permanecer em silêncio, mas para ser uma testemunha ativa de Suas maravilhas — alguém que fala do que viveu, não apenas do que ouviu. Que sua fé seja fortalecida pela sua própria história e que você se torne um canal de bênçãos para todos aqueles que cruzarem o seu caminho.

Assim, ao final desta jornada, que nunca nos esqueçamos de que Deus não desperdiça nossas lágrimas. Ele as utiliza para moldar testemunhos que impactam vidas, trazem esperança e transformam o mundo ao nosso redor. Que você viva essa verdade, encontre paz e propósito na presença dEle e, ao compartilhar sua história, permita que outros também descubram que Deus é fiel, poderoso e presente em todas as circunstâncias da vida.

Reflexão

Deus não desperdiça nossas lágrimas. Cada dor vivida pode se tornar um testemunho poderoso de Seu cuidado e fidelidade, capaz de inspirar e transformar outras vidas.

Chamada para a ação

Pense em um momento de tristeza que você superou. Escreva seu testemunho sobre essa experiência e compartilhe com alguém que pode estar precisando de encorajamento.

CAPÍTULO 9

PROMESSAS QUE GERAM ESPERANÇA

"GUARDEMOS FIRME A CONFISSÃO DA ESPERANÇA, POIS FIEL É AQUELE QUE PROMETEU."
(HEBREUS 10:23)

Mesmo durante a tempestade mais sombria da minha vida, Deus nunca me deixou sozinha. Contudo, como frequentemente acontece conosco, no meio da tempestade, cercados por nuvens densas e um horizonte incerto, é difícil enxergar claramente a mão de Deus. As dificuldades muitas vezes abafam nossa percepção do que Ele está fazendo, mas isso não significa que Ele não esteja presente. Temos um Deus que jamais nos desampara, que nunca nos abandona e que, em Sua fidelidade, nos sustenta com Suas promessas, mesmo quando tudo ao nosso redor parece desmoronar.

Foram as promessas de Deus que me mantiveram firme quando tudo ao meu redor parecia desmoronar. Elas eram como âncoras para minha alma, sustentando-me no propósito dEle mesmo quando o caos dominava o mundo ao meu redor. A esperança nessas promessas foi o que me impediu de desistir, lembrando-me de que o amor de Deus por mim é eterno e que, mesmo no meio das tempestades, Ele estava agindo e trabalhando em meu favor.

A Bíblia nos ensina: "Quero trazer à memória o que me pode dar esperança" (Lamentações 3:21). Durante os momentos mais difíceis da minha vida, foi exatamente isso que fiz. As promessas de Deus não são apenas palavras; elas são lembretes do amor imutável de um Pai que conhece o fim desde o início, que cuida de cada detalhe e que nunca nos esquece, mesmo nas circunstâncias mais desafiadoras.

Na minha jornada, essas promessas foram como presentes divinos, entregues por Deus para me impulsionar, mesmo quando tudo parecia insuportável. Elas eram lembretes constantes de que Ele conhece o meu futuro, vê além do que meus olhos podem enxergar e está cuidando de cada detalhe. Saber que Deus tinha algo reservado para mim renovava minha força para seguir em frente, mesmo quando minhas próprias forças estavam completamente esgotadas.

Mas não basta apenas receber uma promessa; é preciso também obedecer e persistir para que ela se cumpra. As promessas de Deus não são meras garantias, mas convites para caminharmos em obediência. Elas nos chamam a confiar nEle, mesmo quando o caminho parece incerto, e a perseverar, mesmo quando tudo dentro de nós clama por desistir. Obedecer às promessas de Deus é um ato de fé que nos conecta ao Seu propósito e nos fortalece para continuar, mesmo diante das adversidades.

Um ano antes do turbilhão que abalou minha vida, Deus me deu uma palavra. Naquele momento, eu não entendia o que ela significava. Parecia uma mensagem simples, mas algo dentro de mim sabia que eu precisava guardá-la em meu coração. Na época, era como um mistério, algo que não fazia sentido, mas eu confiava que, no tempo certo, Deus revelaria o verdadeiro propósito por trás daquela palavra.

Eram palavras de alívio para uma dor que eu não estava vivendo. Na verdade, eu vivia o período de maior abundância e felicidade na minha vida. Mas naquela noite fria, enquanto o pastor me entregava aquela palavra, meu coração queimava e eu entendi que era Deus falando comigo.

Meses depois, em um dia particularmente difícil, enquanto eu dirigia, orando e chorando, o Senhor me fez lembrar daquela palavra. Parei o carro, procurei aquele culto em específico e naquele dia, fui consolada pela palavra que Deus havia liberado sobre a minha vida tantos meses antes.

Naquele momento, o Senhor me mostrou que Ele não havia perdido o controle da minha vida, e que eu podia descansar, pois Ele agiria em meu favor. Toda aquela palavra se cumpriu. Aquilo que foi fonte de vergonha para a minha família durante meses se transformou em honra.

Hoje, vemos e vivemos a favor de Deus sobre a nossa casa. Mais uma vez, entendo que não se trata de mim ou da minha família, mas sim de uma promessa que Deus fez sobre nós. Ele tem um compromisso com cada palavra declarada, e cada promessa tem se cumprido. Sou grata porque Ele sabia que aquela palavra seria luz em meio à escuridão, no momento certo.

Então, quando as provações se intensificaram e eu cheguei ao meu ponto mais baixo, desejando desistir, Deus trouxe aquela palavra à minha memória. Foi como um raio de luz atravessando as trevas, renovando minhas forças e me dando a coragem necessária para continuar. Percebi que Deus, em Sua infinita sabedoria, havia me dado aquela promessa antecipadamente, sabendo exatamente que eu precisaria dela para suportar e atravessar o que estava por vir.

Todos enfrentamos gigantes em nossa vida, situações que parecem impossíveis de superar. Nessas horas, nossas forças falham, mas é exatamente nesse momento que as promessas de Deus nos sustentam. Elas nos lembram que não estamos sozinhos, que Deus é maior do que qualquer obstáculo e que Ele já preparou a vitória. Quando confiamos nEle, descobrimos que Sua força é suficiente para nos conduzir, mesmo diante dos desafios mais assustadores.

Foi nesse momento que Deus trouxe à minha memória Suas promessas. Ele me lembrou que, mesmo em meio à dor, Ele ainda estava no controle. Não foi fácil; as circunstâncias ainda pareciam intransponíveis, mas aquela palavra reacendeu a esperança em meu coração. Foi como ouvir o próprio Deus sussurrar: *"Eu não esqueci de você."*

"O Senhor não demora em cumprir a sua promessa, como alguns pensam" (2 Pedro 3:9). Esse versículo é um lembrete poderoso de que Deus é fiel e que Suas promessas nunca falham. Mesmo

quando parece que nada está acontecendo, quando não ouvimos Sua voz ou não vemos sinais claros de Sua ação, precisamos confiar que Ele nunca se esquece do que prometeu. Deus cumpre tudo no tempo certo, e Sua fidelidade é inabalável, sustentando-nos mesmo nos momentos de maior incerteza.

Nos dias de maior dificuldade, aprendi a clamar ao Senhor e a confiar que, mesmo quando eu não podia ouvir uma resposta imediata, Suas palavras já haviam sido liberadas para trazer esperança ao meu coração. O silêncio de Deus não significa Sua ausência. Ele está sempre presente, guiando nossos passos de maneira cuidadosa, mesmo quando não conseguimos perceber.

As promessas de Deus não são apenas para mim; elas são para todos aqueles que colocam sua confiança nEle. Se você está enfrentando dificuldades hoje, lembre-se de que Deus já falou ao seu coração. Talvez Ele tenha lhe dado uma palavra no passado, um versículo ou uma promessa que ainda não se cumpriu. Não desista. Traga à memória o que Ele já fez por você e permita que isso renove sua fé. Como está escrito em 2 Coríntios 1:20: *"Pois tantas quantas forem as promessas de Deus, nele está o 'sim'; por isso, por meio dele, o 'amém' é pronunciado por nós para a glória de Deus."* Isso significa que todas as promessas de Deus em Cristo são confirmadas. Ele não mente, não falha e não se esquece. Se Ele prometeu, Ele cumprirá.

A caminhada de fé é marcada por altos e baixos, por momentos de clareza e por tempestades em que tudo parece nebuloso. Porém, em cada etapa, as promessas de Deus são como estrelas brilhando no céu escuro, nos guiando em direção ao propósito que Ele preparou para nós. Precisamos persistir, confiar e continuar avançando, mesmo quando o caminho é incerto e difícil de compreender.

Que você, ao enfrentar suas próprias tempestades, encontre força nas promessas de Deus. Traga à memória tudo o que Ele já fez por você e lembre-se de que Ele nunca se esquece de Seus filhos. O Deus que prometeu é fiel para cumprir. Agarre-se às Suas promessas e permita que elas sejam a âncora da sua alma, o lembrete constante de que Ele está cuidando de tudo e de que, no tempo certo, Suas palavras se cumprirão. Ele é o Deus que não falha, o Deus que nunca te deixa sozinho, o Deus que sempre, sempre cumpre Suas promessas.

Reflexão

As promessas de Deus são âncoras para a nossa alma. Mesmo nos momentos mais difíceis, elas nos lembram de Sua fidelidade e nos dão forças para continuar caminhando em fé.

Chamada para a ação

Escolha uma promessa de Deus que ressoe com sua situação atual. Medite nela e escreva uma oração baseada nessa promessa, pedindo a Deus para aumentar sua esperança.

CAPÍTULO 10

A BELEZA DE SER FILHA

"VEDE QUÃO GRANDE AMOR NOS TEM CONCEDIDO O PAI, A PONTO DE SERMOS CHAMADOS FILHOS DE DEUS."
(1 JOÃO 3:1)

Todo o testemunho gerado ao longo dessa jornada de intimidade com Deus me trouxe uma compreensão mais profunda e preciosa sobre o meu lugar como filha dEle. Durante essa caminhada, comecei a enxergar Deus não apenas como Criador, Provedor ou Senhor, mas, acima de tudo, como meu Pai — um Pai amoroso, próximo e infinitamente cuidadoso. Passei a entender o que significa ser filha de Deus de uma forma que nunca havia experimentado antes. Embora eu soubesse disso intelectualmente, foi nesse processo de rendição e fé que a identidade de filha deixou de ser apenas uma ideia e se transformou em algo real, profundo e concreto.

Eu tive o privilégio de crescer com um pai presente, alguém que fez todo o possível para que eu tivesse uma infância feliz e cheia de amor. Pude testemunhar seu esforço, sua dedicação e o carinho que ele colocava em cada detalhe da minha vida. No entanto, mesmo com essa experiência tão positiva, foi apenas durante essa jornada espiritual que compreendi, de forma profunda, o que significa ser filha de Deus. Percebi que Deus é o Pai perfeito, aquele que me ama de uma maneira que vai muito além do que sou capaz de imaginar.

Ao começar a ver Deus como meu Pai real, alguém intimamente envolvido em cada detalhe da minha vida, fui preenchida por um amor que nunca havia sentido antes. Ele é o Pai que me ama acima de tudo, que deseja o meu bem, que entende meus anseios e desejos, mas que também está disposto a me corrigir com amor quando eu erro. Como está escrito em Hebreus 12:6: "*Porque o Senhor disciplina a quem ama, e castiga todo aquele a quem aceita como filho.*" Em Seus braços, encontrei o verdadeiro descanso e uma confiança inabalável de que, aconteça o que acontecer, Ele cuidará de mim e fará com que tudo coopere para o meu bem.

A beleza de ser filha de Deus está nessa confiança profunda de que Ele está no controle de tudo. Ele conhece o meu fim antes mesmo do início, sabe exatamente quantos fios de cabelo há na minha cabeça e entende as necessidades mais íntimas do meu coração como ninguém. E, acima de tudo, Ele está sempre disposto a lutar minhas batalhas e a me carregar nos momentos em que minhas forças se esgotam e não consigo prosseguir.

Ao entender meu lugar como filha, passei a experimentar uma nova liberdade. Não precisava mais lutar com todas as minhas forças para controlar cada situação, pois sabia que meu Pai estava no comando. Ao abrir mão do controle e me render completamente aos cuidados dEle, descobri que minha vida se tornou muito mais leve. Foi nesse momento de verdadeira entrega aos cuidados dAquele que nunca falha que senti, de forma profunda, a beleza de ser filha de Deus.

Eu não sei como foi sua experiência com seu pai terreno. Talvez você tenha tido a presença amorosa de um pai, como eu tive, ou talvez tenha enfrentado a ausência ou as limitações de um pai imperfeito. Mas, seja qual for a sua história, quero te convidar a enxergar Deus como o Pai perfeito — Aquele que nunca falha, nunca abandona e sempre perdoa. Ele é o Pai que nos acolhe exatamente como somos, mas que, em Seu imenso amor, nos transforma e nos molda para sermos quem Ele nos criou para ser.

Esse é um Pai que não guarda mágoas, que está sempre de braços abertos para nos receber, independentemente de onde estivemos ou do que fizemos. Ele é o Pai que deseja caminhar ao nosso lado, que anseia ser conhecido por nós com a mesma profundidade com que nos conhece. Deus é o Pai que vê todas as nossas fraquezas, conhece cada falha e, ainda assim, nunca desiste de nós. Esse amor incondicional é o maior presente que podemos receber.

Ser filha de Deus é compreender que tenho um lugar seguro onde posso descansar plenamente. Não preciso provar meu valor ou tentar conquistar Seu amor, porque nasci do amor dEle, e é esse amor que me define e me sustenta. É um privilégio saber que, mesmo em um mundo tantas vezes incerto, meu Pai celestial é minha rocha firme, minha fortaleza e meu refúgio. Sua presença em minha vida é a garantia de que nunca estarei só.

Hoje, vivo como filha, sabendo que posso contar com Ele em todas as circunstâncias. Em momentos de alegria ou de dor, Ele está ao meu lado, e é esse relacionamento que me fortalece para enfrentar qualquer desafio. Ser filha de Deus é um convite para viver com paz e confiança, compreendendo que, mesmo quando as coisas não saem como planejei, Ele está no controle, e o que Ele prepara para mim é sempre o melhor.

Assim como descobri a beleza de ser filha de Deus, eu te convido a buscar esse relacionamento com o Pai celestial. Ele não é um Deus distante ou indiferente às suas dores, sonhos e desafios. Ele é um Pai presente, acessível e cheio de amor, que te chama para caminhar ao Seu lado, compartilhando tudo o que há em seu coração. Ele deseja ter uma relação profunda com você, mesmo já conhecendo cada detalhe da sua vida. Ele quer ser um Pai para você, assim como tem sido para mim — um Pai amoroso, que cuida, transforma e nunca abandona.

Deixe que Deus seja o Pai que guia, cuida, protege e corrige com amor. Renda-se a Ele, confie em Seus braços e permita que Ele te mostre o caminho certo. Não importa onde você esteve ou o que já fez, Ele está sempre pronto para te receber de volta, para te amar com um amor que nunca falha. Ele deseja transformar sua vida, restaurar sua história e fazer de você um testemunho vivo de Sua graça e bondade.

Que possamos, dia após dia, experimentar a beleza de sermos

filhos de Deus. Que encontremos nEle o descanso e a segurança que só o amor de um Pai perfeito pode oferecer. E que essa verdade seja nossa âncora em meio a qualquer tempestade: somos filhos amados de um Deus que nunca nos abandona, que sempre caminha ao nosso lado e que jamais desiste de nós.

Muitas vezes, devido às falhas dos nossos pais terrenos, acabamos projetando uma imagem de Deus que, embora forte, soberano, Rei e Senhor, nos parece distante. Não conseguimos enxergá-Lo verdadeiramente como um Pai amoroso. Esquecemos que em Deus não há imperfeição. Temos facilidade em vê-Lo como Todo-Poderoso, mas, muitas vezes, o percebemos como um Deus impessoal.

A verdade, porém, é que Ele deseja estar presente em todos os aspectos da nossa vida. Ele quer estar intimamente ligado a tudo o que fazemos, sentimos e pensamos. Ele deseja ser o seu Pai, o seu Paizinho. Ele quer que você descanse nos braços d'Ele, que corra para Ele sempre que enfrentar alguma dificuldade. Ele quer ser tudo para você em todos os momentos.

Ele quer cuidar de você. Ele quer amá-lo com um amor imenso, incondicional, absurdo e indescritível.

Reflexão

Ser filha de Deus é um privilégio que traz descanso e segurança. Quando compreendemos esse amor paternal, experimentamos a paz que só Ele pode oferecer, sabendo que estamos sempre em Suas mãos.

Chamada para a ação

Reflita sobre o que significa ser filho ou filha de Deus. Tome um momento para agradecer a Deus por Seu amor incondicional e escreva uma carta para Ele expressando sua gratidão.

CAPÍTULO 11

MATURIDADE EM DEUS

"ATÉ QUE TODOS CHEGUEMOS À UNIDADE DA FÉ E AO CONHECIMENTO DO FILHO DE DEUS, AO HOMEM PERFEITO, À MEDIDA DA ESTATURA DA PLENITUDE DE CRISTO."
(EFÉSIOS 4:13)

Hoje, minha fé está muito mais firmada na obediência e no conhecimento profundo do caráter de Deus. Não é apenas uma crença baseada no que ouvi ou aprendi, mas uma confiança plena construída sobre quem Deus tem sido em minha vida. Conheço um Deus que não me abandona, que está sempre presente e que segura minha mão em todo tempo, mesmo nos momentos mais difíceis.

Por muitos anos, minha fé era baseada apenas no ouvir. Eu fazia parte de uma comunidade onde a Palavra de Deus era pregada com excelência, e onde testemunhávamos o que Ele fazia na vida de outras pessoas. Ouvíamos rumores que Deus ainda continuava a agir. No entanto, algo faltava: viver a Palavra de Deus de forma prática e experimentar um relacionamento íntimo com Ele. Não bastava apenas ouvir sobre quem Deus era; eu precisava viver quem Ele é. Eu precisava ver Deus agir na minha vida, eu precisava ver Deus realizar milagres no nosso meio.

Essa mudança transformou minha caminhada. Parei de ser apenas uma ouvinte ou espectadora dos milagres na vida de outros e passei a testemunhar o agir de Deus em minha própria vida. Entendi que o meu relacionamento com Ele é diário, constante, e que a mesma fidelidade que Deus demonstrou no Antigo e no Novo Testamento continua presente hoje. Hoje, posso contar os milagres que Deus fez em mim e por mim, sem depender de relatos alheios.

Deus gerou em mim uma história, um testemunho único. E é a partir dessa vivência que posso compartilhar com outras pessoas, especialmente aquelas que enfrentam dores e desafios semelhantes aos meus. Posso dizer com segurança: "**Deus quer gerar um testemunho em você também**." A dor de hoje pode se transformar no testemunho de amanhã, mas é preciso coragem para sair desse lugar de sofrimento, agarrar a oportunidade de ser transformado e confiar que Deus pode fazer muito mais do que imaginamos.

Minha fé hoje é uma fé viva, baseada no que experimentei. Quando digo que Deus pode agir na sua vida, falo a partir do que vivi, do que vi Deus fazer em mim. Não é sobre algo que ouvi ou aprendi teoricamente, mas sobre o que experimentei pessoalmente. Deus é fiel, e o que Ele fez por mim, pode fazer por você também.

A caminhada cristã tem um alvo claro: alcançar a maturidade plena em Cristo. Essa maturidade, descrita na Bíblia como "a estatura de varão perfeito" (Efésios 4:13), representa um crescimento contínuo, onde somos transformados para nos tornarmos cada vez mais parecidos com Jesus, ouvindo e obedecendo com sensibilidade à voz do Espírito Santo. É uma jornada que exige comprometimento, pois somos chamados a crescer integralmente — em alma, corpo e espírito — todos os dias.

A maturidade em Deus não acontece de forma instantânea; ela é fruto de uma vida de submissão, onde aprendemos a fazer da vontade de Deus a nossa própria. É um processo que exige deixar de lado nossos desejos egoístas e nos alinhar com os desejos do Pai, confiando que Ele tem um plano perfeito e um propósito maior para cada um de nós. Esse amadurecimento é sustentado pela Palavra de Deus, pela oração constante e por um relacionamento íntimo com o Espírito Santo, que nos guia e transforma ao longo da jornada.

Maturidade em Cristo significa viver uma vida de obediência — não apenas nos momentos fáceis, mas também confiando e nos submetendo à vontade de Deus, mesmo quando não compreendemos completamente Seus caminhos. É aprender a aceitar os desígnios dEle como nossos, com a convicção de que o que Ele deseja para nós é sempre o melhor. Quando crescemos em Deus, percebemos que a vida cristã não é sobre fazer o que queremos, mas sobre realizar aquilo que precisa ser feito para o reino de Deus, colocando Sua vontade acima da nossa.

Esse processo nos ensina a buscar as coisas de Deus acima dos nossos próprios interesses, vivendo de forma que nossa vida reflita o amor e a graça de Cristo para o mundo ao nosso redor. Somos chamados a ser imagem e semelhança de Deus, o que requer alcançar um nível de maturidade espiritual onde a vontade dEle guia todas as nossas ações. Somente como cristãos maduros podemos propagar a mensagem de Cristo com clareza, discernimento e coerência, cumprindo o propósito para o qual fomos chamados. Maturidade espiritual não é somente sobre pregar a palavra de Deus com excelência, mas viver a palavra de Deus todos os dias. Não é sobre conhecer somente o que a Bíblia e os meus estudos da bíblia falam a respeito de Deus, mas conhecer a Deus de fato e de verdade. Não é sobre ter conhecimento de quem Deus é, mas ser conhecida por Ele.

A maturidade em Deus nos chama a um conhecimento mais profundo de Suas promessas e mandamentos. Esse entendimento cresce conforme buscamos conhecê-Lo verdadeiramente, passando tempo em Sua presença e permitindo que Ele trabalhe em nós e nos molde segundo o Seu propósito. Assim como Paulo, que, ao longo de sua jornada, tornou-se cada vez mais consciente de suas limitações e da sua dependência de Deus, a maturidade nos ensina a reconhecer nossa fragilidade. Quanto mais nos aproximamos de Deus, mais entendemos que tudo o que somos e fazemos depende completamente da Sua graça e da Sua força.

Esse processo de crescimento é moldado por experiências — algumas dolorosas, outras repletas de alegria. A maturidade nos ensina que as provações não vêm para nos derrotar, mas para nos fortalecer e nos aproximar ainda mais de Deus. São essas situações que moldam nosso caráter, nos ajudam a superar o orgulho e a dependência de nossas próprias habilidades e nos levam a confiar plenamente no poder e na fidelidade de Deus.

O apóstolo Paulo é um exemplo claro de amadurecimento espiritual. Ao longo de sua jornada, ele passou a enxergar sua condição humana com realismo e humildade. Em 2 Coríntios 12:7-9, Paulo compartilha que Deus permitiu que ele tivesse um "espinho na carne" para mantê-lo humilde e dependente de Sua graça. Esse exemplo nos ensina que a maturidade em Deus não está em negar nossas fraquezas, mas em reconhecê-las e depender completamente dEle. Assim como Paulo, aprendemos que a humildade é uma virtude essencial para servir a Deus com sinceridade e propósito.

A verdadeira maturidade nos leva a compreender que nosso crescimento espiritual não é para a nossa exaltação, mas para que sejamos instrumentos mais eficazes nas mãos de Deus. Com essa perspectiva, as provas e dificuldades deixam de ser meros obstáculos e passam a ser entendidas como oportunidades para crescer, desenvolver humildade e nos aproximar mais profundamente do Pai. É nesse processo que aprendemos a confiar em Deus e a permitir que Ele nos use para cumprir o Seu propósito.

À medida que amadurecemos em Cristo, somos moldados e transformados dia após dia, aproximando-nos cada vez mais de quem Deus nos criou para ser. Esse processo, embora desafiador, exige rendição total a Ele, permitindo que sejamos moldados por Suas mãos. Isso significa abrir mão de velhos hábitos, desejos egoístas e até mesmo dos nossos próprios planos, para que a vontade de Deus prevaleça em nossas vidas. É nesse abandono que encontramos a verdadeira liberdade e propósito.

Essa maturidade é fundamental para que sejamos plenamente usados por Deus. Quando estamos firmes na fé, enraizados em

Suas promessas e sensíveis à voz do Espírito Santo, nos tornamos canais de bênção para aqueles ao nosso redor. A vida de um cristão maduro é caracterizada pela presença constante de Deus e pelo impacto que Ele realiza através de nós, ao nos transformar em luz para o mundo e instrumentos do Seu amor e graça.

A maturidade em Deus nos ensina a confiar nEle acima de tudo. À medida que crescemos espiritualmente, passamos a compreender que o propósito de Deus para nossas vidas é perfeito e que, mesmo nos momentos de incerteza, Ele está presente e fiel. Ser maduro é confiar que Ele nunca nos abandona e que todas as coisas — até as dificuldades — cooperam para o nosso bem. É viver com a certeza de que, em Suas mãos, somos guiados e sustentados, e que Ele, em Sua sabedoria e amor, sempre sabe o que é melhor para nós.

Esse é o estágio em que podemos declarar com plena convicção que nossa vida pertence inteiramente a Deus. Já não se trata mais do que queremos ou planejamos, mas do que Ele deseja realizar em nós e através de nós. Cada experiência, cada oração e cada vitória, por menor que pareça, se torna uma oportunidade de glorificar a Deus e de demonstrar ao mundo o poder transformador de Cristo em nossas vidas.

Foi através da dor e do sofrimento que compreendi a necessidade de me tornar uma cristã madura. Entendi que a maturidade não está relacionada ao tempo de caminhada com Cristo, mas ao quanto permitimos que Deus molde o nosso caráter. Meu convite a você é que busque essa maturidade em Deus. Que cada dia seja uma oportunidade de se tornar mais parecido com Cristo, mais obediente à vontade dEle e mais sensível à direção do Espírito Santo. Deus nos chama a crescer, a avançar e a nos tornar discípulos maduros, capacitados para carregar a mensagem de Jesus com autoridade, graça e amor.

A maturidade cristã não é um destino final, mas uma jornada que dura toda a vida. É um processo contínuo de aprendizado, confiança e transformação. À medida que avançamos, descobrimos que esse crescimento nos conduz a um relacionamento cada vez mais profundo com Deus, onde somos moldados para refletir Sua imagem e expressar o Seu amor por meio de nossas ações diárias.

Sempre fui uma pessoa que gostava de ter controle, de planejar tudo e de ver cada passo detalhadamente definido. Quando enfrentei aquele período de dificuldade e dor, não conseguia enxergar o desfecho, e confiar que Deus já sabia o final foi um grande desafio.

Hoje, consigo descansar em Deus com muito mais tranquilidade, porque vejo claramente Sua mão agindo em meu favor, mesmo durante os momentos mais sombrios. Aprendi que tudo o que vivi tinha um propósito maior. Olhando para trás, percebo que, se tivesse confiado mais em Deus desde o início, teria sofrido menos. Relutei muito porque queria entender e guiar o processo, mas Deus nunca perdeu o controle. Tudo o que aconteceu me trouxe a um lugar melhor, e hoje posso afirmar que os planos dEle são sempre os melhores.

Passei a compreender o significado do versículo: "Porque eu bem sei os pensamentos que tenho a vosso respeito, pensamentos de paz e não de mal, para vos dar o fim que desejais" (Jeremias 29:11). Deus estava me guiando para o lugar que meu coração ansiava, mas o caminho era diferente do que eu havia imaginado.

Refletindo sobre os milagres de Jesus nos Evangelhos, aprendi algo importante. Quando Jairo pediu que Jesus fosse até sua casa para curar sua filha, ele acreditava que Jesus precisaria tocar nela para realizar o milagre. Jesus o atendeu daquela forma.

No entanto, no mesmo capítulo, a mulher com fluxo de sangue demonstrou uma fé ainda maior. Ela sabia que bastava tocar na orla das vestes de Jesus para ser curada. Isso me ensinou que, muitas vezes, tentamos mostrar a Deus o que achamos ser o melhor caminho, mas Ele tem uma maneira muito superior de agir. Quando entregamos verdadeiramente nossas vidas nas mãos de Deus, permitimos que Ele aja conforme Sua vontade, que é sempre perfeita.

Aprendi que nada pode impedir os planos de Deus, e não há caminho melhor do que aquele que Ele traçou. Decidi me render à soberania de Deus, parar de lutar contra Seus planos e obedecer, mesmo quando não entendo o que está acontecendo. Também decidi não permitir que o medo ou a dor me paralisassem. Eles podem cegar nossa visão e nos impedir de enxergar o propósito que Deus está realizando em meio às adversidades.

Essa jornada me ensinou a confiar plenamente em Deus, a entregar meus planos e minha vida em Suas mãos. Tenho a certeza de que Ele me conduzirá ao lugar que meu coração realmente deseja — um lugar de paz, prosperidade, amor e tranquilidade. Mesmo que o caminho até lá não seja como eu imaginei, sei que os planos dEle são muito melhores do que qualquer coisa que eu poderia conceber.

Que a maturidade em Cristo seja o nosso objetivo e o nosso desejo, e que, por meio dela, possamos experimentar a plenitude do que Deus preparou para nós. Que sejamos luz e sal neste mundo, refletindo o caráter de Cristo e sendo testemunhas vivas do amor e do poder transformador do Pai em nossas vidas.

Reflexão

Crescer em maturidade espiritual significa confiar plenamente em Deus, mesmo sem compreender tudo. É um processo contínuo de submissão e aprendizado, onde somos moldados à imagem de Cristo.

Chamada para a ação

Identifique uma área da sua vida espiritual que precisa de amadurecimento. Crie um plano para crescer nessa área, como ler um livro cristão, participar de um grupo de estudo bíblico, ou buscar orientação pastoral.

CAPÍTULO 12

UMA ALMA CATIVA AO ESPÍRITO

" DIGO, PORÉM: ANDAI NO ESPÍRITO E JAMAIS SATISFAREIS À CONCUPISCÊNCIA DA CARNE. "

(GÁLATAS 5:16)

Ao longo de toda a luta e provação que enfrentei, minha alma se tornou uma fonte constante de aflição e inquietação. Eu estava tão envolvida em meus sentimentos de dor e angústia que a voz da minha própria alma era a mais alta dentro de mim. Era uma batalha interna intensa, onde minhas emoções tentavam assumir o controle dos meus pensamentos e decisões. Porém, ao passar por esse processo de transformação, aprendi uma lição vital: para não voltar a esse lugar de sofrimento, preciso manter minha alma cativa ao meu espírito. Somente quando minha alma está submetida ao espírito, posso experimentar verdadeira paz e equilíbrio.

Assim como o salmista, aprendi a dizer à minha alma que se acalme, que confie no Senhor e que se lembre de tudo o que Ele já fez. Precisamos constantemente relembrar nossa alma de que Deus está no controle, de que Ele é fiel e de que Seu propósito para nossas vidas é maior que qualquer sentimento passageiro. Nossa alma, composta de nossas emoções, pensamentos e vontades, às vezes grita tão alto que abafamos a voz do Espírito Santo. Contudo, para viver uma vida de fé e maturidade, é essencial aprender a aquietar esses ruídos internos e ouvir a doce e constante voz do Espírito, que sempre nos conduz à verdade e à paz.

A Palavra de Deus nos ensina que "não andamos por vista, mas pela fé" (2 Coríntios 5:7). Isso significa que nossa caminhada com Cristo não pode ser guiada pelos nossos sentimentos ou pelas circunstâncias visíveis, mas pela certeza inabalável de quem Deus é: fiel e amoroso. Quando permitimos que nossos sentimentos tomem as rédeas, corremos o risco de nos desviar do caminho que Ele cuidadosamente preparou para nós. Por isso, viver pela fé é confiar em Sua Palavra, mesmo quando nossos olhos não enxergam o que Ele está fazendo.

Ao longo dessa jornada, aprendi que, embora os sentimentos sejam naturais e muitas vezes intensos, eles não devem ser nossos mestres. Sentimentos são passageiros e mutáveis, mas a verdade de Deus é eterna e imutável. Quando somos guiados pelo que sabemos — e não pelo que sentimos —, conseguimos permanecer firmes, mesmo em meio às tempestades. Essa é a verdadeira essência de viver pela fé: colocar nossa confiança no caráter de Deus e em Suas promessas, e não nas constantes oscilações de nossas emoções.

Uma das lições mais valiosas que aprendi foi esta: tudo o que eu não domino, acaba me dominando. Se não aprendo a dominar meus sentimentos, eles me dominarão, conduzindo-me por caminhos de dúvida, medo e frustração. Quando permitimos que nossas emoções tomem o controle, ficamos presos em ciclos de repetição, revivendo os mesmos erros, caindo nas mesmas armadilhas emocionais e acumulando as mesmas feridas. A liberdade começa quando aprendemos a submeter nossas emoções à verdade de Deus.

Dominar nossa alma não significa ignorar ou reprimir nossos sentimentos, mas sim aprender a colocá-los sob a autoridade do Espírito Santo. É reconhecer quando nossas emoções estão desalinhadas com a verdade de Deus e decidir não permitir que elas nos afastem dos planos dEle para nossas vidas. Essa prática exige uma disciplina diária e constante, que envolve oração, meditação na Palavra e uma entrega total ao Espírito, confiando que Ele nos guiará para viver conforme a vontade de Deus.

A maturidade cristã só é alcançada quando aprendemos a submeter nossa alma ao nosso espírito, que é guiado pelo Espírito Santo. Isso significa dizer à nossa alma que, mesmo em meio à dor ou à incerteza, nossa confiança está firmemente depositada em Deus. É lembrar que, com o Espírito Santo habitando em nós, recebemos o poder necessário para resistir às pressões internas e externas que tentam nos afastar do propósito de Deus. Submeter a alma ao espírito é viver em alinhamento com a verdade de Deus, não com as circunstâncias momentâneas.

Submeter a alma ao espírito é uma prática que exige constante vigilância. É fácil sermos influenciados por sentimentos momentâneos e esquecermos as verdades eternas que nos sustentam. Contudo, quando colocamos nossa confiança no Espírito Santo e mantemos nossos olhos fixos em Cristo, tornamo-nos capazes de superar qualquer tempestade emocional e permanecer fiéis ao nosso chamado. Essa é a essência da maturidade espiritual: viver em harmonia com o Espírito, alinhando nossa vontade à perfeita vontade de Deus.

A Bíblia nos adverte: "*Enganoso é o coração, mais do que todas as coisas*" (Jeremias 17:9). Essa passagem nos lembra que nossos sentimentos, por mais intensos que sejam, podem nos enganar. O coração humano é facilmente influenciado por circunstâncias externas e emoções temporárias, mas o Espírito Santo nos conduz além das armadilhas das emoções, guiando-nos à verdade imutável de Deus. Ele é o único capaz de nos levar a viver de acordo com a vontade de Deus, em vez de nos deixarmos levar pelas ilusões do momento.

Ao longo dessa caminhada, aprendi que confiar cegamente em nossos sentimentos, sem a orientação do Espírito Santo, pode nos conduzir ao erro. Por isso, é essencial manter nossos olhos fixos em Cristo, submetendo nossas emoções e desejos a Ele diariamente. Quando nos rendemos a Deus, encontramos a segurança de saber que nossas decisões e pensamentos estão fundamentados em algo muito maior e mais confiável do que os sentimentos passageiros. Em Deus, encontramos a verdade que nos guia e nos sustenta em todas as circunstâncias.

Hoje, compreendo que a vida cristã é uma jornada de constante rendição ao Espírito. Ao submeter minha alma ao Espírito Santo, encontro paz, clareza e propósito, independentemente das circunstâncias ao meu redor. Sei que meus sentimentos podem vacilar, mas minha fé permanece firme, pois está enraizada em Deus e em Suas promessas. Quando minha alma está cativa ao Espírito, posso viver com uma confiança inabalável, sabendo que estou segura em Suas mãos e que nada poderá me desviar dos planos perfeitos que Ele tem para mim.

Quando permitimos que o Espírito nos guie, vivemos uma vida de plenitude, alegria e propósito. Que cada dia seja uma oportunidade de se render ao Espírito Santo e de viver a verdade de Deus, sabendo que, em Suas mãos, estamos protegidos e guiados para o cumprimento de nosso chamado.

Aprendi que, para submeter minha alma ao espírito e viver em paz, a oração constante e a gratidão genuína são ferramentas indispensáveis. Quando minha alma, cheia de inquietações, tenta assumir o controle, a oração me conduz de volta à comunhão com Deus, enquanto a gratidão me ajuda a reconhecer Sua presença em cada detalhe da vida. Esse equilíbrio é mantido quando escolho, diariamente, alinhar minha vontade à do Espírito Santo, confiando que Ele guiará minha mente e coração. Por meio dessa prática, sou lembrada de que as emoções não precisam dominar minha jornada, pois a verdade de Deus, revelada na quietude da oração e celebrada na gratidão, é a âncora que sustenta minha fé e me mantém firme no propósito dEle.

Durante o período sombrio da minha vida, minha oração se transformou profundamente. Sempre tive apreço por orar, mas, para mim, a oração era algo formal, reservado, quase ritualístico. Era um momento exclusivo entre Deus e eu, separado das demais atividades do dia. Porém, com o passar do tempo e diante das lutas que enfrentei, a oração se tornou algo muito mais orgânico, fluindo em todos os momentos do meu dia. Agora, não há hora nem lugar específicos. Enquanto lavo a louça ou dobro roupas, estou em constante conexão com Deus, compartilhando meus pensamentos, minhas lutas e até as pequenas alegrias.

No início, carregava uma ideia equivocada sobre minha relação com Deus. Sentia que me aproximava dEle apenas quando estava com problemas, e isso me fazia acreditar que Ele não me queria assim, cheia de dificuldades. Quando tudo estava bem, me distanciava; quando surgiam problemas, eu me achegava novamente. Havia um senso de injustiça nisso, e por muito tempo, hesitei em buscar a Deus em meio às lutas, achando que não era "certo" me aproximar só quando precisava.

Foi nos momentos mais difíceis, quando me sentia quebrada e sem ninguém com quem compartilhar minha dor, que realmente conheci Jesus como meu amigo. Descobri o poder da oração como um espaço de diálogo, desabafo e conexão. Mesmo sabendo que Deus já conhece nossos pensamentos e sentimentos, percebi que verbalizar o que estava no meu coração era essencial para construir um relacionamento genuíno com Ele.

Além de aprender a falar com Deus em qualquer momento, desenvolvi também a prática de ouvi-Lo. Entendi que um relacionamento não se constrói apenas com palavras, mas com diálogo — e diálogo exige que uma pessoa fale e a outra ouça. Comecei a valorizar momentos de quietude, de silêncio, para ouvir o que Deus tinha a dizer. Foi nesse espaço que senti o cuidado de Deus nas pequenas coisas, desde um simples detalhe do meu dia até sinais claros de Sua mão sobre minha vida.

Outro aprendizado transformador foi sobre gratidão. Durante períodos de luta e luto, é fácil enxergar apenas os problemas. Eles parecem maiores que tudo, e as coisas boas ficam obscurecidas. Contudo, comecei a praticar a gratidão pelas pequenas coisas. Passei a agradecer a Deus por detalhes como encontrar uma vaga de estacionamento em um lugar difícil, e, aos poucos, isso mudou minha perspectiva. Percebi que grandes coisas começam nas pequenas, e ser grata por esses pequenos começos me ensinou a enxergar a presença de Deus em tudo.

Essa prática de gratidão renovou meu olhar. **Comecei a reconhecer que nada na minha vida era fruto de sorte ou acaso**, mas sim do cuidado minucioso de Deus comigo, com minha casa e minha família. Ele estava em cada detalhe, em cada pequeno gesto de provisão e proteção.

Essa jornada de intimidade e proximidade com Deus mudou minha visão como cristã. Construir um relacionamento autêntico com Ele, baseado na oração constante, na gratidão e na busca por ouvi-Lo, transformou minha perspectiva sobre a vida. Descobri que Deus não é apenas soberano, mas também próximo e pessoal, interessado em cada aspecto da minha existência. Essa caminhada de dependência e diálogo com Ele foi o que verdadeiramente moldou minha fé e me deu forças para enfrentar os desafios.

Reflexão

Aquietar a alma e submeter nossas emoções ao Espírito Santo é essencial para vivermos uma vida equilibrada. Quando deixamos que Ele nos guie, encontramos paz e força para enfrentar qualquer circunstância.

Chamada para a ação

Dedique um tempo para praticar a escuta do Espírito Santo em silêncio e oração. Anote o que você sente que Deus está falando e comprometa-se a obedecer à direção dEle.

CAPÍTULO 13

UMA TRAJETÓRIA DE CURA

"CURARAREI AS SUAS FERIDAS E LHES DAREI SAÚDE, DIZ O SENHOR."
(JEREMIAS 30:17)

Apesar de ter nascido em um lar cristao, passei por diversos desafios durante a minha caminhada que me fizeram questionar a Deus. Começava a me perguntar porque determinadas situações aconteciam comigo e com as pessoas que eu amo.

Com o passar do tempo, comecei a entender algo muito importante: **Deus nos deu o livre-arbítrio**. Não foi Ele quem causou aquelas situações, mas as escolhas que fizemos. Esse entendimento, porém, não veio imediatamente. Houve um período em que precisei aprender a distinguir entre as consequências das escolhas humanas e a soberania de Deus. Muitas vezes, quando enfrentamos situações difíceis, temos dificuldade em entender que algumas coisas acontecem como resultado das nossas ações. Eu demorei a aceitar isso e a parar de colocar a culpa em Deus.

Porém, nesse processo, aprendi algo precioso sobre o caráter de Deus: Ele é tão bom e amoroso que nos dá a liberdade de escolha, mas também nos acolhe de volta quando nos arrependemos. Mesmo quando insistimos em seguir por caminhos que nos afastam dEle, Sua graça está sempre disponível para nos receber. A experiência que vivemos, em essência, é um reflexo das decisões que tomamos, mas também um testemunho da paciência e do amor de Deus. Ele nos dá oportunidades para corrigirmos nossa rota, mas permite que sigamos por conta própria se assim quisermos.

Seria ingênuo da minha parte dizer que, após viver todos os traumas, hoje tenho todas as respostas ou que existe uma fórmula fácil para você seguir. A verdade é que minha trajetória de cura foi, e continua sendo, um compromisso diário — uma escolha constante de perdoar e de deixar para trás os sentimentos que poderiam facilmente me manter presa ao passado. A cada novo dia, escolho perdoar novamente, e a cada novo dia, escolho avançar, soltando o peso das feridas que carreguei, para que elas não definam mais quem sou.

Nesse processo de cura, percebi que, além da busca espiritual, era necessário tomar algumas atitudes muito práticas. Decidi me afastar de lugares e conversas que traziam à tona lembranças dolorosas. Evitei interações que poderiam me fazer reviver a mágoa e me distanciei de pessoas que, mesmo sem má intenção, poderiam usar minha dor como ponto de partida para discussões que já não faziam mais sentido para mim. Pode parecer que escolhi o caminho "mais fácil", e talvez isso seja verdade. No entanto, essa escolha me libertou de um peso desnecessário que eu vinha carregando. Entendi que minha cura não dependia de revisitar a dor continuamente, mas de encontrar uma nova perspectiva e uma nova forma de viver.

Uma das lições mais valiosas que aprendi foi que perdão e amnésia são coisas completamente diferentes. Decidir perdoar não significa, de forma mágica, esquecer tudo o que aconteceu. As lembranças permanecem, mas escolho lembrar sem dor, sem mágoa. E, se para isso for necessário manter uma certa distância temporária para me curar, que assim seja. Percebi que esse distanciamento me ajudava a reconstruir minha paz e a compreender que não preciso mais revisitar o passado para viver em paz.

Também compreendi que esperar por um pedido de desculpas não mudaria nada. Não preciso que a pessoa que me feriu reconheça o que fez para que eu possa me curar. Claro, seria maravilhoso se houvesse arrependimento e reconciliação, mas minha cura não depende disso. Minha cura não está nas mãos de quem me feriu; ela está nas mãos de Deus. Essa percepção foi profundamente libertadora e me permitiu dar passos firmes em direção à paz e à liberdade emocional.

Assumir a responsabilidade pela minha cura não tornou o processo simples, mas definitivamente me impulsionou na direção certa. Entender que minha libertação dependia das minhas escolhas, das minhas atitudes e da minha rendição a Deus trouxe uma força renovada para continuar. Foi a combinação de autoconhecimento e confiança em Deus que me conduziu a esse lugar de paz e restauração. Hoje, essa trajetória me deu uma bagagem valiosa para carregar em cada nova fase da vida. Agora, quando enfrento desafios e dúvidas, talvez eu não saiba exatamente o que fazer, mas tenho clareza sobre o que não fazer.

Percebi que tudo o que passei tinha também o propósito de me moldar, de me transformar em uma pessoa mais resiliente e consciente. A dor, por mais difícil que fosse, me ensinou a ser mais compassiva, a cuidar melhor do meu coração e a não permitir que minhas feridas definissem quem eu sou. A cura, afinal, é um processo que nos transforma de dentro para fora, mudando a forma como enxergamos o passado e iluminando o caminho para um futuro com propósito e esperança.

Nós, cristãos, muitas vezes somos tentados a focar exclusivamente no espiritual e a negligenciar nossa alma. No entanto, somos seres integrais, e nossa alma — com suas emoções, pensamentos e memórias — também precisa de cuidado. Aprendi que cuidar do coração e das emoções é tão essencial quanto cuidar da vida espiritual. Deus nos criou de forma complexa, e Ele se importa tanto com nosso bem-estar emocional quanto com nossa saúde espiritual. É na integração entre alma, espírito e corpo que encontramos a plenitude que Ele deseja para nós.

Se for necessário, não hesite em buscar ajuda profissional. Existem muitos psicólogos cristãos que entendem a importância de cuidar da alma e do espírito de forma integrada, respeitando a fé enquanto trabalham as emoções. Não tenha medo ou vergonha de procurar esse apoio. A cura, muitas vezes, exige o fortalecimento da nossa fé, mas também o cuidado com a mente e as emoções.

Lembre-se: você não precisa enfrentar suas batalhas sozinho. Deus nos colocou em comunidade por um motivo, e há pessoas preparadas e dispostas a caminhar ao seu lado nesse processo de restauração.

Hoje, quero te convidar a embarcar nessa jornada de cura, a olhar para dentro de si e tomar as decisões necessárias para avançar. Talvez você esteja esperando por um pedido de desculpas que nunca virá, ou lutando para se libertar de dores passadas que ainda pesam em seus ombros. Lembre-se de que você tem o poder de iniciar esse processo de cura agora, sem depender de ninguém além de Deus e das escolhas que decide fazer. Decida perdoar, decida deixar para trás, e escolha abrir mão de tudo o que ainda te prende ao passado, permitindo que Deus restaure e transforme sua vida.

Essa trajetória de cura é um processo contínuo de rendição a Deus, de busca por autoconhecimento e de tomar atitudes práticas para cuidar de si mesmo. É uma caminhada em direção à paz, onde, ao final, encontramos não apenas a cura, mas também a liberdade para viver a vida que Deus nos chamou para viver — sem o peso das mágoas, com a alma em paz e o coração plenamente restaurado.

Quero que as pessoas entendam que a dor e o sofrimento não definem quem somos ou encerram nossa história. Um momento de fraqueza, de ansiedade ou de perda não é o fim. É possível passar por períodos sombrios sem permitir que eles se tornem o ponto final de nossa trajetória.

É essencial buscar ajuda, mas também é essencial tomar uma decisão pessoal: tomar as rédeas da sua vida, escolher sair daquele lugar escuro, por mais desafiador que pareça.

O fundo do poço, por mais terrível que seja, pode se tornar um lugar perigosamente confortável. Ele oferece uma falsa sensação de refúgio — escuro, isolado, onde ninguém vê suas dores ou feridas. Ali, você pode se esconder, fingir que está tudo bem. Mas esse lugar, apesar de parecer acolhedor, consome lentamente sua vida. E o maior engano é acreditar que dali não há saída. Isso é uma mentira. Sempre há uma forma de recomeçar, um caminho para sair, mas ele começa com a sua decisão.

É preciso reconhecer a necessidade de mudança, procurar ajuda e se entregar a Deus de corpo, alma e espírito. Cuidar do corpo envolve hábitos saudáveis, como boa alimentação e exercício físico; cuidar do espírito exige oração, intimidade com Deus e busca por Sua presença; e cuidar da alma requer atenção às emoções, muitas vezes com o apoio de profissionais capacitados. Somos seres integrais, e cada parte de nós precisa ser nutrida.

Meu desejo é que quem ler este livro saiba que não está sozinho. Não há vergonha em admitir que precisa de ajuda, em pedir socorro ou em se abrir com alguém que já enfrentou lutas semelhantes. Não precisamos nos esconder atrás de uma fachada de perfeição. Vivemos em um mundo onde as redes sociais exibem pequenos recortes idealizados da vida, nos distanciando da realidade e das pessoas. Isso cria uma desconexão perigosa. Quando a dor nos alcança, muitas vezes nos sentimos perdidos e desamparados.

Jesus é nosso melhor amigo, sempre presente, pronto para segurar nossa mão e nos guiar em direção à cura. Mas também é importante buscar ajuda nas pessoas certas — pessoas capacitadas, que possam oferecer suporte verdadeiro. Não há vergonha em reconhecer que você não pode enfrentar tudo sozinho. Pelo contrário, esse é o primeiro passo para a liberdade. Decida sair desse lugar, busque auxílio, confie em Deus e permita que Ele te leve à restauração completa.

Reconhecer os sinais iniciais pode ser difícil, mas é essencial. No meu caso, eu não percebi o início da depressão. Quando me dei conta, já estava profundamente afundada. Por isso, meu maior conselho para quem consegue identificar os primeiros sinais é: **não enfrente isso sozinho**.

Eu gostaria de ter percebido os sinais antes. Não vi que estava caminhando para a depressão até já estar mergulhada nela. Fiquei em negação por muito tempo, acreditando que, por ter uma vida aparentemente bem-sucedida — uma família amorosa, saúde e estabilidade financeira —, eu não poderia estar passando por algo assim. Achava que a depressão era incompatível com a vida que eu tinha, mas isso não é verdade.

O primeiro passo que precisei dar foi reconhecer que a depressão pode atingir qualquer pessoa. Ela bate na porta sem avisar. A diferença está em escolher não deixá-la dominar. É possível, sim, enfrentá-la, colocar para fora os pensamentos que te afundam e fechar a porta para o que te paralisa.

Entenda que não há culpa em sentir dor, independentemente de como sua vida pareça externamente. Às vezes, nos pressionamos a acreditar que não podemos sofrer porque temos "motivos para ser felizes". Mas a dor emocional não obedece a essas regras.

No meu caso, foi como ser pega por uma onda. À distância, ela parecia pequena, mas, quando chegou perto, revelou-se avassaladora. Acabei me afogando nela e rodando no meio do mar por um tempo, até que, finalmente, consegui sentir a areia sob os pés novamente e encontrar o caminho de volta.

Se você consegue reconhecer os sinais, busque ajuda imediatamente. Não espere até estar completamente afundado. Fale com alguém, peça socorro, e, acima de tudo, entregue sua luta a Deus. Ele está pronto para segurar sua mão e te ajudar a atravessar essa tempestade.

Que você, ao trilhar esse caminho, encontre em Deus a força para cada passo e a paz para cada momento. Ele é o Médico das nossas almas, e ao nos entregarmos ao Seu cuidado, somos capazes de experimentar uma cura verdadeira e duradoura, que transforma nosso coração e renova nossa vida.

Reflexão

A cura emocional e espiritual é um processo que exige entrega, perdão e a decisão de deixar o passado para trás. Deus deseja restaurar nossas feridas e nos conduzir a uma vida de liberdade e propósito.

Chamado para a ação

Faça um cronograma para trabalhar em sua trajetória de cura. Inclua momentos para oração, reflexão e, se necessário, busque ajuda profissional para apoio contínuo.

CAPÍTULO 14

UMA NOVA ESTAÇÃO DE FÉ

" TUDO TEM O SEU TEMPO DETERMINADO, E HÁ TEMPO PARA TODO PROPÓSITO DEBAIXO DO CÉU. "

(ECLESIASTES 3:1)

Então, depois de todo esse processo, aqui estamos. Ao aceitar o chamado de Deus, nossa vida mudou completamente. Não foi apenas uma transformação no coração ou no propósito; foi uma mudança literal, que nos levou do leste ao oeste do país. Ao me despedir daquilo que por tanto tempo me deu um senso de estabilidade, percebi que, desde o início, Deus estava me preparando para este momento. Quando todas as nossas raízes foram abruptamente arrancadas, eu lutava para entender o porquê, buscando razões para tanta mudança e desconforto. Hoje, consigo enxergar claramente que Ele estava nos preparando para deixar tudo para trás e abraçar uma nova estação de fé, confiança e obediência.

Lembro-me da luta para reconstruir cada aspecto da minha vida e do esforço constante para encontrar sentido em tudo que estava perdendo. Agora entendo que, naquele momento, Deus estava sussurrando ao meu coração que era hora de uma nova estação, de um novo começo. Deixei para trás a casa que construí com tanto carinho, em uma cidade que amava, cercada por amigos e familiares que faziam parte do meu dia a dia. Mudei-me para um lugar completamente desconhecido, onde cada rua, cada rosto e cada rotina eram novos. Mas, aos poucos, estou aprendendo a amar esse novo lugar e a enxergar a beleza no que Deus preparou para mim aqui.

Ao olhar para trás, percebo que o que deixei para trás não era apenas uma realidade confortável, mas uma vida que, embora boa, não estava no centro exato da vontade de Deus. Esta nova estação me ensinou que, muitas vezes, precisamos abrir mão do que é bom para experimentar o que é melhor. Embora esse processo seja desafiador, a recompensa é imensurável. Deus tem mostrado Seu cuidado e Seu amor por mim e por minha família de forma constante, envolvendo-nos com Sua presença e graça a cada novo dia.

Hoje, estamos à frente de uma igreja que nos acolheu com tanto amor e caminha lado a lado conosco. Abrimos mão de tudo – de uma companhia bem-sucedida, da nossa casa própria e do convívio com nossa família e amigos mais próximos.

E então, Deus trouxe cura completa. Antes de sermos enviados, Ele restaurou nossos relacionamentos, nos reconciliando com amigos que se tornaram apoio fundamental.

O que quero que você entenda é que **Deus está no controle**. Suas promessas não falham, e a palavra d'Ele não volta vazia. Por mais que não aconteça da maneira que esperamos, Ele sempre cumpre o que declara. Não oro mais pedindo que Deus realize os meus sonhos; hoje, oro para que Ele realize os sonhos d'Ele na minha vida. Porque os sonhos de Deus, sim, são maiores e melhores do que os meus.

Em cada oração e em cada gesto de apoio, sinto o cuidado de Deus nos mínimos detalhes, como se Ele estivesse sussurrando: "*Você está exatamente onde eu quero que esteja*." Estamos descobrindo novos níveis de intimidade com Cristo e uma dependência que eu ainda não conhecia. Essa experiência tem sido uma jornada de fé transformadora, que aprofunda meu relacionamento com Deus e me ensina a confiar nEle de maneira radical e inabalável.

Os milagres de Deus têm sido evidentes em nossa vida. Temos visto portas se abrirem e corações se unirem de maneira única. Meus filhos encontraram amigos e uma rede de amor que lhes trouxe segurança e alegria. Eles estão bem adaptados a essa nova realidade que quase não se lembram mais do que deixaram para trás. Ao vê-los tão felizes, sinto no coração que toda mudança, toda incerteza, valeu a pena. Deus cuidou de cada detalhe, transformando o que parecia ser uma perda em uma bênção abundante.

Meu marido, mais firme na fé do que nunca, está vivendo aquilo que sempre sonhou: uma vida totalmente dedicada ao Reino de Deus. Nesta nova estação, ele encontrou o espaço e a oportunidade para servir como sempre desejou, para guiar pessoas e viver plenamente seu chamado. Cada dia ele volta para casa com um sorriso, uma história de bênção e um testemunho de gratidão. Ver o cumprimento da promessa de Deus em sua vida enche meu coração de paz e de uma alegria indescritível, mostrando-me mais uma vez a fidelidade de Deus em cada detalhe.

E eu, nesse novo contexto, encontrei uma oportunidade de crescimento e aprendizado contínuo. Cada passo exige de mim uma dependência ainda maior de Deus, o que me leva a confiar plenamente em Sua provisão e direção. Estou descobrindo novas formas de servir, de orar e de estar presente para aqueles ao meu redor. Estou crescendo em áreas que nem imaginava que precisava desenvolver e, em meio a tudo isso, posso dizer com convicção: tudo valeu a pena. Deus tem moldado minha vida de maneiras surpreendentes e transformadoras.

Esta nova estação é, acima de tudo, um convite a continuar na dependência total de Deus. Ele nos tirou de um lugar onde tudo era familiar e sabíamos como as coisas funcionavam, para nos levar a um lugar onde precisamos confiar nEle a cada passo. Deus nos afastou da segurança da rotina para nos ensinar que, ao vivermos no centro de Sua vontade, encontramos um propósito muito maior do que qualquer estabilidade ou conforto que poderíamos ter por conta própria.

Agora estamos mais conscientes de que a vida em Cristo é repleta de mudanças, mas que cada nova estação é uma oportunidade para experimentar algo mais profundo e significativo. Estar no centro da vontade de Deus é o que realmente importa, e essa lição, embora desafiadora, trouxe liberdade e um novo sentido para tudo o que vivemos. Cada passo, mesmo em meio às incertezas, nos aproximou mais do propósito divino e da paz que só Ele pode oferecer.

Nesta nova estação, vivemos de maneira mais intencional e com um propósito renovado. Cada dia se tornou uma oportunidade para descobrir o que Deus preparou, para servir à comunidade ao nosso redor e para manter o coração aberto ao que Ele deseja realizar através de nós. Estamos experimentando uma nova etapa de fé, e agora consigo enxergar com clareza que todo o processo que enfrentamos foi, na verdade, a preparação de Deus para nos trazer até aqui. Tudo foi parte do Seu plano perfeito.

Este é o convite de Deus para cada um de nós: abraçar com confiança e esperança a nova estação que Ele coloca diante de nós. Mesmo quando a mudança parece desafiadora, mesmo quando somos chamados a deixar algo querido para trás, podemos confiar que Ele está preparando algo maior. Algo que nos fará crescer, que fortalecerá nossa fé e que nos levará a uma comunhão mais profunda com Ele.

Hoje, digo com confiança: vale a pena. Vale a pena abandonar o bom para viver o extraordinário que Deus tem para nós. Vale a pena confiar nEle, mesmo quando o caminho parece incerto. Esta nova estação é uma prova viva de que, quando estamos no centro da vontade de Deus, experimentamos a plenitude do Seu amor, a profundidade do Seu cuidado e a certeza de que Ele sempre nos guiará ao lugar onde realmente devemos estar.

Hoje, como pastora e estando à frente de uma igreja, diariamente me deparo com pessoas que enfrentam conflitos espirituais profundos. E, ao olhar para essas situações, compreendo ainda mais o propósito da minha própria jornada de cura. Deus não apenas me restaurou, mas também me capacitou para ajudar outros a encontrarem o mesmo caminho de restauração.

Cada vez que atendo alguém que carrega feridas emocionais e espirituais, percebo o motivo pelo qual passei por momentos tão difíceis. Foi para que eu pudesse, com autoridade e empatia, olhar nos olhos dessa pessoa e afirmar: 'Eu sei que dói. Eu sei que é difícil. Mas há cura, há libertação, há liberdade no Espírito Santo.' Minha dor se transformou em bagagem e aprendizado, concedendo-me a autoridade para falar sobre esse processo de maneira genuína.

Infelizmente, vejo muitas pessoas feridas pela igreja, por líderes espirituais e até mesmo por aqueles que deveriam ser fonte de acolhimento. Muitos acabam se afastando de Deus porque depositaram sua fé e sua esperança no homem, esquecendo-se de que o ser humano é falho. No entanto, amadurecer espiritualmente é entender essa realidade: os homens erram, mas Deus é perfeito. As pessoas podem nos machucar, mas o Senhor é aquele que traz cura, restauração e libertação.

Hoje, sei que todo esse processo pelo qual passei me trouxe a um lugar de clareza e propósito, permitindo que eu fale com segurança e compaixão para aqueles que precisam ouvir que existe esperança. Deus usa nossa própria história para transformar a vida de outros, e essa é a missão que agora carrego com gratidão.

Reflexão

As mudanças podem ser desafiadoras, mas cada nova estação traz crescimento e proximidade com Deus. Ao confiar nEle, descobrimos que o que deixamos para trás nunca se compara ao que Ele tem preparado para nós.

Chamada para a ação

Considere um novo passo de fé que você pode dar em sua vida espiritual. Pode ser se voluntariar na igreja, iniciar um novo projeto ou simplesmente fortalecer sua rotina de devoção diária.

Conclusão

UM CAMINHO DE FÉ E ESPERANÇA

Ao chegar ao final deste livro, não posso deixar de me emocionar ao refletir sobre a jornada que Deus me conduziu — uma jornada de dor, descoberta, cura e uma fé completamente renovada. Quando tudo começou, eu jamais poderia imaginar a profundidade do que Deus estava prestes a realizar. Ele me chamou para fora de um lugar onde me sentia confortável, segura e estável, para me conduzir a um caminho de total dependência dEle. Um caminho que exigiu que eu confiasse plenamente, mesmo quando não conseguia enxergar o próximo passo.

Olhando para trás, percebo que cada capítulo dessa trajetória foi uma lição, uma etapa de crescimento e uma oportunidade de amadurecimento. Em cada desafio, cada lágrima e cada momento de incerteza, Deus esteve comigo, moldando minha fé e meu caráter. Ele me guiou por caminhos que, inicialmente, pareciam sombrios, mas que, aos poucos, foram se iluminando com Sua graça. Esse processo de transformação me ensinou a viver plenamente minha identidade como filha de Deus, a descobrir o propósito para o qual fui criada e a encontrar a paz que excede todo entendimento.

Aprendi que Deus não nos chama para uma vida de controle ou perfeição, mas para uma vida de dependência total dEle. Ele não espera que sejamos fortes o tempo todo, mas que sejamos sinceros em nossa busca por Sua presença. A caminhada cristã não é sobre nunca falhar ou nunca sentir medo; é sobre, em cada situação, recorrer ao Pai, confiar na Sua provisão e descansar na certeza de que a Sua vontade é sempre melhor do que a nossa.

Essa dependência não nos torna fracos, mas nos enraíza em algo muito maior do que nós mesmos. Descobri que, ao entregar meus medos, minha dor e minhas incertezas a Deus, recebi algo muito maior em troca: uma fé inabalável. Cada vez que escolhia confiar, mesmo sem compreender totalmente, sentia como se Deus me fortalecesse e me preparasse para o próximo passo. Hoje, sei que minha vida pertence a Ele, e que a paz e a segurança que experimento são fruto dessa confiança completa no Seu amor e no Seu plano perfeito.

Deus também me mostrou que todo o sofrimento que vivemos tem um propósito e que nossas histórias têm o poder de trazer cura, não apenas para nós, mas também para os outros. Cada vez que compartilho minha jornada, vejo a obra de Deus sendo multiplicada e tocando vidas de maneiras que jamais imaginei. Percebo que minha história, com todas as feridas e cicatrizes, foi transformada em um testemunho de esperança. A dor foi transformada em propósito, e as perdas, em lições profundas de amor e graça.

Deus nos chama a sermos testemunhas do que Ele realiza em nossas vidas. Não fomos chamados para guardar a transformação que Ele operou em nós, mas para compartilhá-la, inspirando outros a buscarem a mesma liberdade e paz que encontramos. Nosso testemunho é uma prova viva da fidelidade de Deus, de que Ele nunca nos abandona e de que, em cada estação de nossas vidas, Ele está presente, moldando-nos para sermos mais parecidos com Cristo e cumprirmos o Seu propósito.

A vida cristã é feita de estações, e cada uma traz seus próprios desafios e bênçãos. Assim como as mudanças de estação na natureza, cada nova fase exige de nós adaptação e confiança. O que vivemos hoje pode ser diferente do que enfrentaremos amanhã, mas em todas as circunstâncias, podemos ter certeza de que Deus permanece fiel. Ele é constante em Sua bondade, nunca nos deixa sem direção e está presente em cada mudança. Ele é o guia nas transições, o conforto nas perdas e a alegria em cada vitória.

Hoje, ao concluir esta jornada e compartilhar com você tudo o que Deus fez em mim e através de mim, reconheço que o caminho ainda continua. Esta jornada de fé, dependência e transformação é contínua; sempre haverá algo novo para aprender, desafios para enfrentar e novas formas de ver o amor de Deus em ação. Mas, depois de tudo o que vivi, posso dizer com plena certeza: vale a pena. Vale a pena confiar em Deus, vale a pena abraçar cada nova estação com coragem e vale a pena entregar nossa vida inteiramente em Suas mãos.

Agora, ao encerrar este livro, quero te fazer um convite. Talvez você esteja enfrentando suas próprias dores, vivendo desafios que parecem insuperáveis, e, em alguns momentos, se sentindo sozinho. Quero te lembrar que Deus está com você em cada passo dessa caminhada. Ele conhece cada lágrima que você derramou, cada oração silenciosa que fez e cada desejo que está em seu coração. Ele tem um plano perfeito para sua vida e, acima de tudo, Ele te ama profundamente. Tudo o que Ele pede é que você confie nEle e se renda ao Seu cuidado e ao Seu amor.

Permita que Deus seja o guia da sua jornada. Deixe que Ele use cada experiência — as boas e as difíceis — para moldá-lo, fortalecê-lo e transformar sua vida em um testemunho vivo de Sua graça. Não há situação que você enfrente que Ele não possa usar para o bem, nem dor que Ele não possa transformar em propósito. Quando colocamos nossa confiança em Deus, descobrimos uma nova maneira de viver, uma vida marcada pela paz que excede o entendimento, pela fé inabalável e pelo amor que transforma tudo ao nosso redor.

Que você também encontre em Deus a força, a paz e a esperança que Ele me deu. Que cada estação de sua vida se torne uma oportunidade de crescimento e de aproximação com o Pai. Que você viva com a certeza de que, nas mãos de Deus, todas as coisas cooperam para o bem e que, independentemente do que o futuro trouxer, você nunca estará sozinho. Ele está com você, guiando cada passo e cuidando de cada detalhe da sua vida.

Deus é fiel e nos conduz, um passo de cada vez, para a vida abundante que Ele preparou para cada um de nós. Que essa jornada de fé continue em sua vida e que, ao caminhar com Ele, você descubra, dia após dia, o poder transformador, o amor incomparável e a presença constante de Deus, que nunca falha e sempre cuida de você.

"E sabemos que todas as coisas cooperam para o bem daqueles que amam a Deus, daqueles que são chamados segundo o seu propósito." Romanos 8:28

Made in the USA
Columbia, SC
05 June 2025

58924111R00083